山西文华·著述编

高君宇集

高君宇 ◎ 著
董大中 ◎ 主编

山西出版传媒集团

图书在版编目(CIP)数据

高君宇集 / 高君宇著；董大中主编. — 太原：北岳文艺出版社，2017.12

ISBN 978-7-5378-5419-1

Ⅰ.①高… Ⅱ.①高…②董… Ⅲ.①高君宇(1896—1925)—文集 Ⅳ.①K827=6

中国版本图书馆 CIP 数据核字(2017)第 269259 号

高君宇集

著　　者：	高君宇
主　　编：	董大中
责任编辑：	陈学清
封扉设计：	山西天目·王明自
出 版 者：	山西出版传媒集团·北岳文艺出版社
地　　址：	山西省太原市并州南路 57 号
邮　　编：	030012
电　　话：	0351-5628696(发行部)
	0351-5628688(总编室)
传　　真：	0351-5628680
网　　址：	http://www.bywy.com
E‐mail：	bywycbs@163.com
经 销 者：	新华书店
承 印 者：	山西人民印刷有限责任公司
开　　本：	700mm×1000mm　1/16
字　　数：	226 千字
印　　张：	18
版　　次：	2017 年 12 月　第 1 版
印　　次：	2017 年 12 月　第 1 次印刷
书　　号：	ISBN 978-7-5378-5419-1
定　　价：	90.00 元

版权所有　翻版必究

《山西文华》编纂委员会

主　任　楼阳生
顾　问　王清宪
副主任　张复明
委　员　李福明　李　洪　郭　立
　　　　阎润德　李海渊　武　涛
　　　　刘润民　雷建国　张志仁
　　　　李中元　阎默彧　安　洋
　　　　梁宝印

编纂委员会办公室
主　　　任　安　洋(兼)
常务副主任　连　军

《山西文华》学术顾问委员会

李　零　李文儒　李学勤　袁行霈　唐浩明
梁　衡　张　颔　张光华　葛剑雄　杨建业

《山西文华》分编主编

著述编　刘毓庆　渠传福
史料编　张庆捷　李晋林
图录编　李德仁　赵瑞民

出版说明

山西东屏太行,西濒黄河,北通塞外,南控中原,是中华民族的主要发祥地之一。中华文明辉煌灿烂,三晋文化源远流长。历史文献丰富、文化遗产厚重,形成了兼容并包、积淀深厚、韵味独特的晋文化。山西省政府决定编纂大型历史文献丛书《山西文华》,以汇集三晋文献、传承三晋文化、弘扬三晋文明。

《山西文华》力求把握正确方向,尊重历史原貌,突出山西特色,荟萃文化精华,按照抢救、保护、整理、传承的原则整理出版图书。丛书规模大,编纂时间长,参与人员多,特将有关编纂则例简要说明如下。

一、《山西文华》是有关山西现今地域的大型历史文献丛书,分"著述编""史料编""图录编"。每编之下项目平列;重大系列性项目,按其项目规模特征,制定合理的编纂方式。

二、"著述编"以1949年10月1日前山西籍作者(含长期在晋之作者)的著述为主,兼收今人有关山西历史文化的研究性著述。

三、"史料编"收录1949年10月1日前有关山西的方志、金石、日记、年谱、族谱、档案、报刊等史料,以影印为主要整理方式。

四、"图录编"主要收录1949年10月1日前有关山西的文化遗产精华，包括古代建筑、壁画、彩塑、书画、民间艺术等，兼收古地图等大型图文资料。

五、今人著述采用简体汉字横排，古代著述采用繁体汉字横排。

《山西文华》编纂委员会

高君宇肖像

北京陶然亭高君宇、石评梅雕像和石碑

评梅：

昨天的信亦接读了。我之所以提及副刊引文，并把报某的通
向，原不过告一件消息报告，并不含绵毫怨怼你的意思。你为何跟从了俗为的解释，要说你抱歉性质的话呢？我有好些事未曾亲口告人，但匕些常人代我公布了，我从未因匕些生了不快。我所以微不释念的，

高君宇手迹

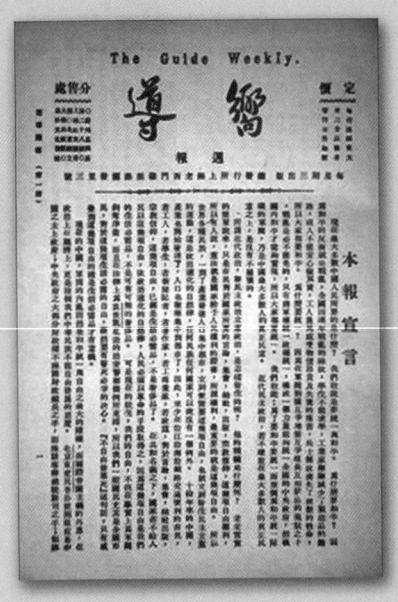

上图:李大钊、邓中夏等少年中国学会部分成员的合影(1921年)
下图:《向导》周报创刊号首页

出版前言

高君宇（1896—1925），中国无产阶级革命家。1896年10月22日（农历9月16日）生于山西静乐县峰岭底村（今属太原市娄烦县），取名尚德，字锡三。五四运动以后，取君宇为号，以号行。

1919年五四运动时为北京大学学生组织负责人之一，为五四运动的领头人之一。1920年与邓中夏等组织马克思学说研究会，同年参加北京中国共产党早期组织。1921年任中共北京地方委员会委员，负责宣传工作。1922年初去莫斯科出席远东各国共产党及民族革命团体第一次代表大会。后任《向导》《政治生活》《先驱》等刊编辑。1923年参与领导京汉铁路工人大罢工，同年7月任中共中央教育宣传委员会委员。1924年赴广州参加国民党第一次全国代表大会，后任孙中山秘书，参加平定商团叛乱的斗争。是中共第二届中央执行委员。1925年3月出席孙中山在北京召开的国民会议促成会全国代表大会。

高君宇的文章，过去长期没有编辑出版。1996年山西古籍出版社出版了山西省史志研究院编辑的《高君宇文集》。本次出版的《高君宇集》是以这个集子为底本，增收了部分文章，增加了较多的注释；为了使读者对作者有更多的了解，还特意收录了一些纪念性文章，分为六个类别作为附录。本集所收文章以发表时间先后顺序排列；标题下括号内的时间是文章正式发表的时间，文后时间为作者写作的时间;所收文章均在文后注明出处;文章发表时凡署名"君宇"或"高君宇"者不加说明,如用笔名或代号,在注释中说明;对文稿中的错别字、衍文、增补均已做技术处理,漫漶不清或缺字用□号表示。

编者董大中,一级作家。先后出版有《瓜豆集》《敲门集》《赵树理年谱》《赵树理论考》《鲁迅与林语堂》《鲁迅与高长虹》《高鲁冲突》《孤云野鹤之恋——高长虹爱情诗集〈给 ——〉鉴赏》《鲁迅与山西》(合著)等。在鲁迅、赵树理、"狂飙社"及高君宇、高长虹等的研究领域有显著成绩。

北岳文艺出版社

2017 年 10 月

前 言

高君宇(1896—1925),1896年10月22日(农历九月十六日)生于山西静乐县峰岭底村(今属太原市娄烦县),取名尚德,字锡三。兄妹五人,行二。五四运动以后,取君宇为号,以号行。

高君宇父亲名配天,字子明。祖父、父亲都是读书人。祖父为庠生(又叫生员,即儒学学生,通称秀才)。父亲亦为"生员",由捐纳而成为"监生",取得了参加乡试的资格,但他没有走科举道路。1906年加入同盟会。1911年秋革命党人举义,他在静乐积极行动。新政权成立后担任区长,负责维持地方秩序。以后决定振兴家业,除耕种土地外,在附近乡镇兴办了多种手工作坊,使家业逐步扩大,成了当地有名的大户人家。曾担任静乐县商会会长十余年。官府颁给"咸与惟新""热忱国事""公正廉明"三块牌匾。高君宇的三弟高全德说:"孩子多了,母亲照管不过来,于是便把外祖父母常年接到家里,照管孩子。外祖父母是诚实、淳朴的庄稼人,母亲又是他俩唯一的独生女儿,自然对我们十分疼爱,我们兄妹一个个就都由这两位老人亲手抚育成长。"(山西人民出版社1985年版《象牙戒指》附录《生如闪电,死如彗星》)高君宇就出生在这样的家庭。

高君宇七岁那年,跟哥哥高俊德一起到私塾读书。清末"废科举,办学堂"之风起,静乐县有了高等小学堂,兄弟俩转到高等小学堂。1912年春天,高君宇奔赴省城太原,考入位于前清贡院的山西省立模范中学校(一年后改为山西省立第一中学),编在第七班。这里的校长、教员几乎全部是回国留学生,他们思想开明,知识新颖,教学认真,图书馆摆放着许多北京等地出版的新书新报。高君宇如饥似渴地学习,成绩一直名列前茅。一次,校长王骧根据老师的考察评比,从全校选出十八名优秀学生,张榜公布,并各加评语,名为"十八学士登瀛洲",高君宇就在其中,校长的评语是"崇德敦行"(续约斋《高君宇与五四运动》,《晋阳学刊》1989年第3期)。

1916年夏,高君宇中学毕业,考入北京大学理预科,这年他二十周岁。三年后升入本科地质系。他的志趣是当一个地质学家或生物学家,对中国的地质和生物分布进行调查研究,写学术著作或者开展平民教育,普及科学知识。

高君宇非常幸运。北京大学初名京师大学堂,创立于1898年。这个学校虽然是维新变法的产物,但是骨子里跟旧学校没有两样,按照规定,毕业后仍可取得进士、翰林等资格。高君宇的幸运之一,是他入学不久,蔡元培担任该校校长,对学校进行改革,实行"思想自由,兼容并包"的办学方针,聘请了一批留学归来的青年才俊来校任教。主编《新青年》发表文章鼓吹文学革命、发起五四新文化运动和后来中国共产党成立被选为总书记的陈独秀担任文科学长。幸运之二,在聘请陈独秀担任文科学长的同时,中国最早的一个马克思主义者李大钊被聘担任图书馆主任。1918年10月,毛泽东由其岳丈杨昌济介绍,来到北京大学图书馆担任助理员,他们都成了图书馆主任李大钊的追随者。

高君宇跟那种追求享乐的纨绔子弟不同,他是积极向上的,哪里有好事他就奔向哪里。1918年1月,蔡元培发起成立进德会,制定规约,提倡培养高尚的道德情操,不嫖不赌等等,高君宇当时在故乡度假,他听说后立即写信报名参加。同年六月,由王光祈、李大钊等人发起成立少年中国学会,高君宇参加,毛泽东也参加了。高君宇这一时期参加的进步团体还有"新潮"社、《国民》杂志社、新闻研究会等。

高君宇的一生,是战斗的一生、革命的一生。

高君宇最早接触马克思主义是在1918年冬。这年10月15日,李大钊在《新青年》发表《庶民的胜利》,高呼"今后的世界,变成劳工的世界",我们要认清这个潮流,"应该用此潮流为使一切人人变成工人的机会"(《李大钊选集》第111页)而奋斗。1919年2月初北京大专学校学生联合会成立,高君宇当选为北京大学学生会负责人。3月23日,高君宇跟邓中夏等成立"平民教育讲演团",在北京城乡,尤其是长辛店一带宣讲革命道理。5月1日,李大钊在《晨报》发表《"五一节"May Day杂感》,号召开展"直接行动"。陈独秀也有文章发表,号召民众"直接解决"。隔了一天,5月3日,巴黎和会决定把德国在山东的权益转让给日本而北洋军阀政府准备在巴黎和会上签字的消息传来,举国震惊,《国民》杂志社发起游行示威,于是有五四爱国学生运动的爆发。高君宇积极组织了这次规模盛大的游行活动。当天下午,高君宇带领三千多名游行人员在天安门广场开完会后,径直向卖国贼曹汝霖住宅所在地赵家楼走去,曹宅铁门紧闭,高君宇和同学攀墙而入,没有找到曹汝霖,将章宗祥痛打一顿,然后放火烧了曹宅。这一场轰动全国的重大事件是由高君宇领头的，他的坚毅和勇敢赢得人们的尊重。

五四运动是一场反帝反封建的爱国运动，它的最伟大意义在于标志着我国旧民主主义革命转入新民主主义革命。高君宇就是转折时期的一个重要人物。

1920年3月，李大钊在北京大学发起组织了"马克思学说研究会"，团结和吸引了一批进步青年，包括高君宇、邓中夏等人在内。同年5月，上海共产主义小组建立。随后，广州、武汉、长沙等城市也有了相似的组织。1921年7月，各地推选出的代表聚集上海举行代表大会，中国共产党宣告成立。当时全国共有共产党员五十余人，其中就有高君宇。他也是山西最早的共产党员。在1922年7月17日至23日举行的中国共产党第二次全国代表大会上，高君宇当选为由五人组成的中央执行委员会委员。这是高君宇在党内担任的最高职务。

高君宇在党内担负的职责，主要是青年团及其宣传工作。1922年5月5日至10日，中国社会主义青年团第一次全国代表大会在广州举行，有二十五名代表出席，高君宇、张太雷、蔡和森等五人被选为团中央执行委员会委员，接着高君宇担任了北京团的执行委员会书记。他以后经常关注党的青年工作。

高君宇是一名坚定的共产党员。他坚决按照党的规定办事，忠实执行党的决议。1924年1月20日，孙中山主持的国民党第一次全国代表大会在广州举行，李大钊、毛泽东等一批共产党员出席，会上决定实行"联俄、联共、扶助农工"三大政策。高君宇参与了这次大会的各项工作。以后回到北京。5月下旬，高君宇回太原，整顿建立了山西党小组,并积极促成山西地区的国共合作。7月,他到达广州,参与领导了沙面工人大罢工。10月,参加了孙中山领导的平定商团叛乱的斗争。11月,在北京发动政变成功的冯玉祥电邀孙中山北上,商谈国是,其时高君宇在孙中山身边工作。11月下旬,高君宇离开孙中山,先期北上,因积劳成疾,住了医院。1925年3月6日晨,在孙中山逝世前一个星期,高君宇因患急性阑尾炎不治而逝,享年二十九岁。

高君宇先后多次负责党内刊物的编辑,特别是《向导》的编辑。

《向导》是中国共产党中央委员会重要机关刊物,也是第一个机关刊物,1922年9月13日在上海创刊,蔡和森、陈独秀主编,高君宇和李大钊、张国焘、罗章龙等人编辑。高君宇在这个刊物上发表文章很多,这是要具有很强党性原则的,代表党中央说话。高君宇在《向导》第二期就有文章发表。粗略统计,高君宇先后在《向导》发表文章三十篇,占到其文章总数的一半。这些文章,无论是分析形势还是阐述党的路线、政策,都能抓住要点,观点明确,旗帜鲜明,能起到明辨是非、指导工作的作用。《王博士台上生活应给"好人努力"的教训》是批判胡适等人提倡的"好政府主义"的。文章指出:劝北洋军阀政府成为"好人",可说对牛弹琴,全不对症;胡适等人提出这个"主义"后,"好人"王宠惠很快下台,说明这个"主义"经不起考验,反而留下一个笑柄。作者最后说:"中国现在需要的是打倒军阀和外国的压迫;小资产阶级妥协迁就的心理的努力是已证明在我们眼前失败,且为我们仇人利益利用了呀!"一针见血地指出其要害。

高君宇运用马克思主义,观察中国革命问题,写了许多短小精干的文章,指导革命,指导工农群众运动,或者阐发党的政策主张。现在所见高君宇第一篇文章,是1920年3月1日写的《我们为什么要反对直接交涉》,发表在《北京大学学生周刊》上。文章开门见山地提出了问题:"山东问题究竟应当怎样解决——和日本直接交涉呢?还是提交国际联盟会公决呢?"所谓"山东问题",就是去年因五四运动使日本鲸吞山东的阴谋未能得逞,日本侵略者不甘心,又提出来要求"直接谈判"。外交是强者对弱者的压迫,弱者永远不会得到胜利。"直接交涉"的结果必然是我国政府屈服,而日本的阴谋得逞。高君宇在文章中列出许多证据,指出"他要直接交涉的根据丝毫没存在的理由",我们应当坚决驳回。这篇文章采取推理办法,一层一层,像橘子剥皮,把日本侵略者的各种理由全部推倒,具有强大的逻辑说服力量。

高君宇政论文章都是缘时而发,为理而作,具有很强的及时性、针对性和论辩性。凡是正确的,他重在解释、阐发,劝导人们认真执行,不可走样。凡是不正确的,他举出许多理由,驳得对方体无完肤,无话可说。1924年8月10日在《政治生活》发表的《国民党左右派的分化》一文,严厉痛斥了国民党内右派分子猖狂反对共产党、破坏革命统一战线的罪恶行径,捍卫了孙中山先生的正确主张,同时指出,随着形势的变化,国民党分化是不可避免的,"只有是经过一番分化之后,才能使他组织上真正革命化"。

我想说一下高君宇在少年中国学会杭州年会上的发言。少年中国学会是五四新文化运动的产物,是那一时期一个最大的团体。王光祈、李大钊等人发起,许多共产党人都是先参加这个团体的。这个团体的先天不足,是人们有多种信仰,思想庞杂。有信仰共产主义的,有信仰无政府主义的,有信仰国家主义的,还有一部分人相信实业救国,想远离政治。开初,大家热情很高,求同存异,还能和谐相处。不久之后,人们信仰上的不同逐渐显露出来,制订计划,开展工作,常常不能统一。从1921年夏天起,学会领导班子就为学会今后怎么办召开过多次会议研究讨论,那些会议高君宇大都参加。高君宇在杭州年会上说:"人不可无一种主义,是无疑的。学会会员为创造少年中国便于分工互助,不可无一种共同主义,这亦是无疑的。那便如何能为学会产生一种共同的主义,不能今天无大略的决定。我以为主义不是宗教,是一种方法,是用他向各方面改造的方法,不限于政治经济方面。我不赞成先做各种事业,以求产生共同主义的话。因无共同主义,在先所做的事,尽有背道而驰的,无可以产生共同主义之理。故我信还是限定一期间,以研究主义,然后即规定一种主义的好。"高君宇这个发言,既是共产党人坚守自己信仰的表白,也预示着少年中国学会解体的必然性,发出了解体的信号。

高君宇的这一系列文章是中国新民主主义革命初期进展情形的真实反映、忠实记录,具有极大的史料价值和历史意义。高君宇一些文章批判了社会上的一些错误思潮和糊涂观点,它们在我国现代思想史上也是有重要意义的。从研究中国共产党的历史说,这些文章是不可多得的重要文献。高君宇坚持马克思主义的立场、观点,对后人说,具有方法论意义。

邓颖超在为《石评梅作品集》所作序中说:"在20年代,大革命时期,我已知高君宇(名尚德)同志是我党北方区委员会的负责人之一,主管宣传工作,但未见其人。那是1925年1月,高君宇同志在上海参加我们党的第四届全国代表大会之后,返回北京的途中,他特地在天津下车,到我任教的学校里看望我,因为他受周恩来同志的委托来看我并带一封信给我,这样我们有缘相见,一见如故,交谈甚洽。高君宇同志和周恩来同志是在党的第四次全国代表大会期间相识的。两人欢谈甚深,彼此互通了各人的恋爱情报,于是高君宇同志做了我和恩来同志之间的热诚的'红娘',而恩来同志又做了我得见君宇同志的介绍人……"(收入杨扬编《石评梅作品集》散文卷首)这件事,在高君宇的文字中自然不可能反映,特将邓颖超的这段话引述在此。

邓颖超所说"彼此互通了各人的恋爱情报",就高君宇说,便是他跟著名女作家石评梅的恋爱。在这本书中,我们编入了作者写给石评梅的十多封书信。婚姻、爱情是人生的需要,共产党人并不例外,也要恋爱、结婚,也要过家庭生活。高君宇和石评梅曾经相恋过,他们的恋爱是真诚的,也是令人钦佩的。但是直到高君宇逝世,他们并没有结合。这批书信表现了高君宇作为共产党人的婚姻爱情观,同时展示了他们在相恋过程中所产生的幸福和碰到的不快,理解和不理解。高君宇逝世以后,石评梅精神上受到极大打击,她忍着悲痛,把高君宇安葬在北京陶然亭畔,并且把自己的名字跟高君宇刻在一起。她的痛苦,她的悔恨,曾使多少读者受到感动。高君宇和石评梅至死不渝的坚贞爱情,已经成为一个神话,激励着、教育着、鼓舞着一代又一代的男女青年。高君宇忙于革命事业,除了这些书信,他没有留下别的文字。他们用事实铸造了一座丰碑,永久矗立在人们的心灵上。至于两人恋爱中的隐情，在这些文字中找不到答案，在石评梅的文字中也是很难找到的，那就只有扩大阅读了。

高君宇这些文章，过去长期没有编辑出版。1996年山西古籍出版社出版了山西省史志研究院编辑的《高君宇文集》，本书是在这个版本基础上重新编辑的，增收了一些文章，增加了较多的注释。为了使读者对作者有更多的了解，我们收入了一些纪念性文章，作为附录。

董大中

2017年10月

目 录

我们为什么要反对直接交涉	一
大学与舆论	七
"五月一日"与今后的世界	一一
山西劳动状况	一四
（一）太原底劳动状况	一四
（二）大同底劳动状况	一九
（三）结论	二〇
解决时局的我见	二二
时局的解决与学生	二七
与日本亚细亚学生旅行团的谈话	三四
附：中日学生之谈话会	三四
我的举行国民大会的理由和方法	三八
（A）国民大会举行的顺序	四〇
（B）各会的职权	四一
（C）各会的组织	四二
（D）国民大会的提案权	四三
（E）各地国民大会的举行	四三
（F）各地国民大会代表的选举	四四
（G）代表会的会议	四五
（H）国民大会的监督	四五
（I）国民大会的费用	四六
（J）国民大会组织法的成立	四七

"到自由之路"究竟在那里	四八
少年中国学会会员终身志业调查表	四九
在少年中国学会南京年会上的发言	五〇
听了江亢虎君讲演之后	五一
在少年中国学会杭州年会上的发言	五四
少年工人与劳动立法	五六
杂　感	五八
革命运动中之印度政治近况	六〇
（一）国民会议中心人物之渐失众望	六〇
（二）圣人甘地被捕之后	六二
（三）各省会议之趋向	六三
（四）新的路径	六四
（五）劳动运动	六五
为陈独秀君募集讼费启事	六七
土耳其国民军胜利的国际价值	六八
勖江西人民	七一
介绍一篇国民革命的纲领	七二
绪言：印度底自由	七三
第一节　政治方面	七三
第二节　经济方面	七四
第三节　社会方面	七五
第四节　教育、文化及宗教	七五
第五节　武装和国际的关系	七五
答《读独秀君〈造国论〉底疑问》	七八
王博士台上生活应给"好人努力"的教训	八三
以醉心英美为合格——新卖国党收进党员的标准	八五
日俄会议及中俄会议	八六
福建现下的局势与国民党	九四

"新创民治之关外" …… 九六
国民党人应当做胡帅的宣传员吗 …… 九七
高尚德君致本校要求废除讲义费代表李去非君函 …… 九八
《日本与山东协定》按语 …… 一〇〇
  附：日本与山东协定 …… 一〇〇
北京大学过激化了吗 …… 一〇四
美国驻兵—英国巡捕—中国警察 …… 一〇五
省宪所给议会的"权"那里去了 …… 一〇七
好一个以"至诚之意而谋中国之利益"的新银行团 …… 一〇八
国民党报纸不应有这样记载 …… 一一二
女权运动者应当知道的 …… 一一四
香港通信：陈炯明与《向导》周报 …… 一一六
香港通信 …… 一一八
中国人民要与西方工人一致反抗法帝国主义对德的横暴 …… 一二一
一九二二印度国民运动的分析 …… 一二三
全国商界的好榜样 …… 一二五
助军阀残民之总统命令 …… 一二六
最近政局的转换与我们 …… 一二八
工人们需要一个政党 …… 一三一
我们应当怎样纪念今年的"五一" …… 一三四
北京通信（1923年5月9日）…… 一三七
北京通信（1923年7月11日）…… 一三九
这只是租界的治安问题吗 …… 一四一
中俄会议——为了谁的利益 …… 一四三
红叶题诗 …… 一四八
"赤色帝国主义"么 …… 一四九
《中国青年》周刊 …… 一五四

对于列宁主义的误解 …………………………… 一五五
国民党左右派的分化 …………………………… 一五六
江浙战争与外国帝国主义 ……………………… 一六〇
南洋烟厂罢工与上海的报纸 …………………… 一六四
《溥仪想做人——胡适不想做人（读了〈溥仪出宫与胡适〉
  之后）》按语 ……………………………………… 一六六
  附：溥仪想做人——胡适不想做人（读了《溥仪出宫与
    胡适》之后） ………………………………… 一六六
帝国主义、军阀、国民党右派 ………………… 一六九
怎样运用政权为人民谋幸福 …………………… 一七一
我愿 ……………………………………………… 一七二
对石评梅说 ……………………………………… 一七三
致石评梅书信（共十五封） …………………… 一七四
致石评梅残简一封 ……………………………… 一九〇
致岳父李存祥 …………………………………… 一九一

附录

一　悼念高君宇的文章 ………………………… 一九五
　悼我们的战士——高君宇同志 ……………… 一九五
　为高君宇逝世五十七周年而作 ……………… 一九六
　悼我们的战士 ………………………………… 一九六
　追悼高君宇启事 ……………………………… 一九七
　追悼高君宇 …………………………………… 一九七
　征求高君宇遗著启事 ………………………… 一九九
二　石评梅的悼念诗文、挽联 ………………… 二〇〇
　挽联 …………………………………………… 二〇〇
　挽词 …………………………………………… 二〇〇

痛哭英雄 …………………………………… 二〇二
　　天　辛 ……………………………………… 二〇五
　　祭献之词 …………………………………… 二〇七
三　老一辈革命家悼念、回忆高君宇的文章 ……… 二〇九
　　山西建党初期的一些情况 ………………… 二〇九
　　纪念高君宇同志 …………………………… 二一三
　　为题《石评梅作品集》书名后志 ………… 二一六
四　高全德的回忆文章《忆君宇与评梅》 ………… 二一八
五　高君宇年表 ……………………………………… 二二三
六　高君宇纪念、研究文章目录索引 ……………… 二五四

我们为什么要反对直接交涉

（1920年3月7日）

区先生①要我做一篇关于山东问题的文字，在北京大学学生周刊②第七号上发表。他说这话的那天，正是我为了一件事要出京的前一天；临走，匆促的没做得；但我在路上已经打了腹稿。及至回京以后，见周刊第七号上已经有了芳雨君的《我们为什么要反对直接交涉？》一篇；我看了一看，觉得我还有些意思，芳雨君没提到，所以又作了这篇。

山东问题究竟应当怎样解决？——和日本直接交涉呢？还是提交国际联盟会公决呢？——这是中国人目前顶紧急的一个问题。在人民一方面，我们看月来的报纸，不是这边开会反对直接交涉，便是那边打电要教政府把日本通牒原封驳回——他们的意见都是要把山东问题提交国际联盟会公决。在政府一方面，虽然对于这事没十分明白的表示，但我们从（一）他们和日本财阀大仓喜八郎的秘密周旋，（二）极力摧残反对交涉的人民和（三）靳云鹏对山东代表说"直接交涉，不见得不利"的话，我们可以晓得他们对于这事的趋向是直接交涉——不是提交国际联盟会公决了。原来政府不过是"舆论的执行者"，不能在舆论之外，再发生什么本身的主张；想不到中国的政府居然会在舆论之外，又生一个主张，而且还是一个极端反动的主张！退一步说，假使人民的主张丝毫没理，在今日教育不完全的中国，政府另来一个主张，还可以勉强地说下去；但人民的主张却是十二分有理，而政府的主张除替日本的"老头票"和"三十年式"毛瑟枪说话外，却再没一句可说。我是人民的一分子，我敢代表大家说我们为什么要反对直接交涉的理由。

据我个人的意见,第一,对于这个问题先要比较提交国际联盟会跟直接交涉的实际的利害;第二,再去研究种种应付的需要和方法。决不可因方法困难,便不计较利害;——总应当循着"对的"主张向"是的"那方面走去。如果直接交涉能把山东一切物权和宗主权都收回来——不让持暴力主义的日本军阀再能在山东扩张势力,我们都可以无话;但我们在事实上着想,觉得日本政府绝不是那样和蔼易与的,要藉着直接交涉来收归权利,这个世界上绝没有那回事,要主张这样的,我看,不是盲人谈天,跟着人家瞎说,便是那些以卖国为事业的大政客的投机了。据我的观察,觉得提出国际联盟会公决,有多利益。容我把他们和直接交涉的害处通写在下面——

第一,日本通牒要求北京政府和他直接交涉,他先说他承继德国在山东的权利。但据我们看来,他要直接交涉的根据丝毫没存在的理由——

(一)中国对德宣战时,已宣言废弃中德间一切条约,山东一切物权租让都收归了,—(有)是宣战以前,德人在山东的一切权利到宣战以后,已都回归中国了。山东那里还有德国的权利,可以转让?

(二)就是退一步,说山东的权利还是德国的,按1898年《胶澳条约》胶州租借地中国保留宗主权,德国也没权可以转让给另外一个德国呀!

(三)英法不能为了夺回比利时来分据比利时,日本便也不能因为有攻取青岛的"功劳"便占有青岛。

(四)不能根据1915年"二十一〔条〕"密约,因为这约根本没有存在的理由:

(A)他是密约——威尔逊十四条宣言和万国同盟会约法(The League of nations Convenant)都不承认密约的存在(参看盟约总纲和第二十条)。

(B)未经国会承认,不能发生效力。

(c)强迫订的——不是双方同意的,是日本乘列强不暇东顾,以

"哀的美敦"威胁中国缔结的。

（D）屡次国民大会都宣言废弃。

（五）不能拿1918年军事协定做根据，因他

（A）是密约。

（B）是草约。

（C）未经国会通过。

（D）约中虽有允许延长胶济铁路等款，亦不得认为即系转让德人在山东权利之意。

（E）况欧战已毕，这约早该废弃了。

（六）不能以日英、日法等密约做根据，因为他们是两国间的私行，不能强令第三国受其拘束。

（七）不能根据巴黎和会对德和约，因为我们没在这约上签字，虽然他有三强国批准就可实行，我们也不能承认他对我们发生利害的规定现在就发生效力。所以日本人不能拿我们没承认的和约来强迫我们奉行。

我在上边说了这么许多话，完全是要证明日本"承继山东德人权利"的没法理的根据，也就是要证明日本人要求直接交涉的没根据了。这样没理由的要求，如果我们承认和他直接交涉，是不是我们便先承认他无理由为有理由的了？是不是就是承认那些密约还可以存在，可以拘束我们？

无论直接交涉的结果怎么，一来我们便先遭了这么一个大失着。我要问这些主张直接交涉的大佬们："是受日本贿赂入的多呢？还是承认直接交涉损失的国权多呢？"据我看来如果真和日本直接交涉起来，有许多害处明明显显地在我们面前排着——

（一）"日本直接交涉"就是放弃租借地主权的一个别名。原来各国在中国的租界，都是租界性质——不是割让，中国保留着主权，各国都不得任意转让。如果承认德国可以转让青岛给日本，那是表示对于租借地中国情愿放弃主权。放弃主权，失青岛一块地，其害犹

小；如各国都要援例，沿海各处的租借地都失了主权，成了他人的领地了。

（二）既经拒绝签字，又要来和日本直接交涉，"自埋自掘"，中华民族之体面何存！

（三）失各国的援助和同情——美国上院之山东条款保留案不日就要批准，英国首相亦宣言可承认此项保留案，听说法国对于保留案也很表同情。可见各国多要援助我了。如果我真不长进，要和日本直接交涉，他们要怎样轻看我们，不是他们要把他们对我们的一番热心都抹没的一点儿也没了么。人家来要帮助我们，我们反不要人家帮助。将来我们有急难的时候，就是去求人家帮助，人家还肯来帮助吗？固然"依人成事"，不是正当；但这帮助的同情，无论如何，万不可失呀！

（四）我中国是弱国，日本是强国，弱国和强国的外交总是吃亏，那里还能够凭着他去收归多少的权利？

（五）日本既愿意把山东一切权利交还中国，何不在巴黎和会坦坦白白的交还中国？——既可得各国赞扬，又可以使中国人感谢，更可不直接交还，还要费什么手续来交涉？他在巴黎和会肯卖那大力气，甚至讨各国的厌恶都不顾，我们还不可以知道他对于山东的野心么？他要和中国直接交涉，那里是奉还青岛和山东一切权利？要再抢夺些权利去是真的！

上边说的是直接交涉的种种害处。也曾找去想他究竟也有什么好处没有？但我想了好久，却找不出丝毫——最后忽然想到一件，就是诸位大佬们都可以藉此大发洋财了。

如果我们把山东事件提交国际联盟公决，究竟可以把山东完完全全争回来吗？固然我们不能在事实上做十分的担保，但据理论上的确察，争回山东都很有些把握，要比较直接交涉的危险利益多了。我说有把握，可以从下列各段看来——

（一）巴黎和约所以规定把山东转让给日本，并不是各国甘心愿意；是日本利用意大利退出和会的一个时机来威胁各国，说各国要不许把山东德人一切权利都让给他，他也要退出和会。各国正理意大利的麻烦还没完，又凭空添了这么一个麻烦；而英法又为了英日和法日两密约的掣肘，不能公然的反对日本，威尔逊又怕退出和会的多了把和会破坏，所以大家都无奈何，只得把这个让给日本，但日本人的狡诈，他们却恨到万分了。现在国际联盟也成立了，一不怕有人破坏了，各国又都有明显的舆论来攻击日本抢夺山东权利的不当，如果把这事提交联盟公决，得各国的帮助是显而易见的了。

（二）各国常想保持在华的均等——他们不愿意无论哪国在中国比别国占点优势。欧战起后，日本乘列强不暇东顾，在中国抢夺了许多权利，破坏均势的地方实在不少，各国都忌恨他极了，若再把山东给日本，在他们眼里，那还不是给虎添翅吗？各国在和会为了种种困难未得帮助我们，在联盟会为了他们的私利，也要帮助我们了。

（三）有人说日本虽然是利用这个时机威吓和会把山东让给日本，但若没有英日和法日两密约承认他有承继德人权利的规定，也不至于完全那样。在和会，英法为了密约，不能不帮日本争夺山东权利，到了联盟会，难道英法两国就会不受那约的拘束，马上变个态度来帮助中国？殊不知国际间的来往总是以利为归，"信义"实在是一件靠不住的东西。况这两个密约义务在巴黎和会已经履行过了，英法还能再给他履行第二次？

（四）日本果有好意把山东一切交还中国，即在国际联盟亦可交还。

（五）就是退一步说，公决不能得胜利，其结果至多也不过与直接交涉所失相等罢了。

如果我们把山东事件提交国际联盟公决，内有人民的努力，外有各国的援助，总会有个好的果子把山东权利收了回来。

以上我们说反对直接交涉，还只是就争回国一方面说。假使我们任听政府的鬼话，和日本人去直接交涉，将来山东完全丧失之后，日本军阀的势力膨胀多少？日本军阀势力的膨胀便是日本军阀作恶程度的膨胀；日本军阀对我们的作恶，我们已经享受够了，有他们供给军械便闹成了舞刀弄枪南北战；有他们供给金钱，便产生了寡廉鲜耻的安福鱼。到了现在，弄的全国到处日夜不宁。难道说我们就是这样的垂手待毙？我们应当起来追究这些造恶的成因。防止恶，第一当从不使恶蔓延起。这直接交涉，我们为了国权，为了人道，也应当起来反对。

（一九二〇·三·一）

原载 1920 年 3 月 7 日《北京大学学生周刊》第 10 号

【注释】

① 区先生，指区声白(1892-？)，广东佛山人。时任北京大学学生会出版股负责人。为无政府主义者。

②《北京大学学生周刊》，北京大学学生会主办的刊物，于 1920 年 1 月 4 日创刊，同年 5 月 23 日停刊，共出 17 号。

大学与舆论①

(北大二十二周纪念日杜威教授底讲演)

今天是北京大学底二十二周年纪念日,校长请我来讲演,我觉得很荣幸。我收到校长请我来讲演底信时候,我正预备一篇《舆论在民治国底关系》的讲稿;当时我满心的想念都倾注在这个论题上,又为了校长请我来讲演的是一个国立大学底纪念日,由不得我便联想到大学制成舆论和指导舆论底重要。

当真实的民治之下,舆论是政府无上的"治力",占最重要的位置。议员不过是舆论底代表人;官吏不过是舆论底执行的:他们不是舆论底本身,他们占的是第二位的重要。所以一国底教育制度不能有重要的政治作用,做一种制成舆论和指导舆论的事业,使为最后的治力;一国底最高"学府"底学制更不能不有造成舆论底责任。

大学底地位是怎样?他里边的功课差不多,都含著高深的学理,我们应当怎样才可以使他们跟制成舆论底事业发生关系?又怎样才可以制成一国底"提纲的,中坚的治力"的舆论?

我底答案是:大学底重要,不在他所教的东西,在他怎样教和怎样学底精神。在学底一方面,他代表智慧,知识和了解底重要;他代表的是光明,反对的是黑暗;他代表思想,言论和批评底公开,不代表他们底隐匿和秘密;他代表真理底势力——不是从古代传说下来的真理底势力,是由智力发现而经人生行为体验过的真理底势力——来替代权势。他代表意志和知识底传达,散播和扩允,不代表他们底藏积和私有。他是一个泉——一个活水底源头——不是一个坚固的箱子,要让灵敏的看财奴来贮藏他们底积蓄!

从大学所代表的看来,我们得着两种信仰：

(一)掌握真理的智力,

(二)指导行为的真理。

大学底建筑,就拿这些做根底。所以大学要有发射光明和宣达意志底责任,还要使真理底放射照在全世界上,使人类都有得着光底机会。大学不是个权贵,是一个宣教士,但他拿着指挥他底会众和人民的,不是粗的棍子,也不是皮鞭,是知识。无论怎样专门的科目,如果教的时候都拿着这样精神来教,就都可以养成这样信从知识的心理和信仰。就是他们不能直接跟制成舆论的事业生关系,也可以帮助我们,养成我们表示舆论的精神。

信仰智力和真理就是制成舆论底根本。不信仰智力和真理,不信从言论自由和知识底传播,便是舆论底仇敌。大的仇敌不但没有意志底信仰,还要阻止知识底传播。高等知识底传播,很可以使人信仰为公共求幸福的真理,鄙弃为一部分人谋私利的偏见；信从知识和光明,又可以充足人底智力,有一种打破不公道和鬼祟行为的心向；所以高等知识底传播,自然要招谋自私自利的特殊阶级底忌恨。高等知识底增加和传播,明明是与一部分谋自私自利的人不利,他们反假借一种好听的名目,说他是"扰乱和平,扰乱公共秩序"；他们图谋的就是用愚民政策和替"和平"同"秩序"做永远的保护人,以便尽他们底兴去自私。大学为了实现他底正当的功用,就不得不扑灭这些狡猾而有势力常常和舆论做对头的东西！

可以帮助我们制成舆论的,不仅止政治,法律同人生哲学等科目,就是别的专门课程也可以使我们有这样的养成。近世社会底事情很烦难了,有多少辽远的事故和困难的问题都等着要解决。一个国家要有经济的,工业的商业的……各样专门人材才够治理。若是高等知识传播的不广,没有明白的舆论,只是造就下少数的专门人材,那不过是开明官僚政治很危险。从前以为"爱国"是感情的作用,只要心爱就够了；现在已经不是那个时代了：为了国事来努力,不但心要爱，还要有实行爱底技能和知识。这些知识和技能不但是官吏要有，是个个公民都要有的。若是多数人没有专门的知识和技能，不但没有实力去反对一种坏的政策，连好的政策也够不上去赞成，只有听命于少数政客，让他们来操纵，让他们来愚弄！

中国现在有许多困难的问题，都不是只凭了狂热的爱国心便能解决的，是要有专门的知识和技能去解决的。专门知识和技能底训练，全仗着高等教育底努力。近世国家底治理是一件专门的，琐细的，烦难的苦工。外交底处理，交通底联络，洪水底防止，森林底培养，教育制度养成，……这些问题不是靠好的愿心和感情所能解决的，必须有专门的知识和技能才能解决。大学有特殊的校制来教高等知识和技能，不是为了增进私人底财力，也不是为了增进私人底知识，更不是为了造就少数的官僚，是为了公共底福利。

中国今日有多少专门人材都加入做官一途，就是因为没有充实的舆论底监督，做了官便可任意横行的缘故。

只凭了宪法和种种规律来治理国家，这个时代过去了。近世国家，无论什么事情底处理，都要依趋舆论底方向：舆论就是真实的政府，真实的指挥。大学自然是个养成专门知识和技能的人才府地方，他还要养成制成舆论底"领袖"；凭他们去指导人民，使全国人民对于政府各样事情底处理，有明白的赞成，也有明白的反对。然后才能有社会底"力"，才能有真实的民治！

这是我在国立大学纪念日底贡献。我还祝他永远是个服务公共事业精神的庙堂；在他里，敬奉和培养的只有好的"心"和公共的精神，他底灯永远不摇动，永远放亮把世界各处都照着！

这篇讲演，我会于去年十二月廿日在北京晨报上发表过。但当时发表的不过是他底个"纪要"，所以我又参照了杜威先生底原稿和他底笔记，把他增修一过，重新登载在这里。杜威先生给我他底原稿,让我参看,我狠感谢他。

尚 德。
九,一,一,八。

【注释】

① 原载《新潮》第2卷第3号,1920年4月1日出版。新潮,北京大学新潮社机关刊物,1919年1月创刊,傅斯年、罗家伦、周作人先后担任主编。月刊。在李大钊、胡适、陈独秀等人的支持和指导下,该刊积极提倡新文化、提倡伦理革命、文学革命和思想革命,对推动新文化运动起了巨大作用。1922年3月停刊。署名高尚德。

"五月一日"与今后的世界

（1920年5月1日）

五月一日是世界劳民示威的纪念日。我们每次说到他，总想到他本身的那段庄严的历史——

一千八百八十六年的时候。美国有二十六万劳民，为了要求"八小时的工作"，议决在五月一日起事；到了那天，他们一齐便"把工具丢了"。五月四日那天，芝加哥（Chicago）保护人民的警察，对着四万劳民的平和行列，下了极残忍的攻击。黑马格（Hagmvket）劳民有个集会，也被蹂躏了。劳民忍无可忍，才对着警官的手枪放了颗炸弹。总同盟罢工的运动者和宣传者被捕了好几人，他们经了很悲惨很滑稽的审判，都送上断头台！

过了这事四年之后——一千八百八十九年，万国社会党在巴黎开会，劳民提议到"每年五月一日休工一日"，大会便热心的可决了，定他做万国劳动节。

五月一日总同盟罢工的目的，不是单纯的只为了要求减少工作的时间——每日八时间的工作，他的总目的是在改造社会。我们放眼来看，现在这个社会的组织恶劣极了！——有"治者"和"被治者"的阶级，又有"资本家"和"劳工"的阶级。几千年来的平民，都囿在治者和资本家的铁锁底下。五一运动的呼声，是劳工在资本家压制的底下，要求翻身的呼声；也就是平民要"复权"的一个记号。

有几千万劳民的中国，知道"五月一日"是世界劳民的好日子，不知从那时起，起首来纪念他，却要算今年是头一次了！

我想，我们要纪念这个日子，不但要追想一追想他的历史；还要承继他的功业。自从纪念他到今年，共有三十次了，他所希望的那个自由互助的社会,已经来了吗?他所憎恶的这些不公道的经济情况和压制的政治组织,已经扑灭了吗?这个很明显,现在这样社会决然不是他所希望的那个社会,还是他所憎恶的那个社会。

我们——凡是承认五一运动者是为了新世界奋斗的同志——都应当撑起肩来担负这个改造社会的责任,去完成他——"五月一日"——的希冀。

不过我们要担负这个责任之前,先要十分明白"五月一日"所要的社会和他所采取的改造现在社会的方法。他所要的社会和他的改造社会的手段,让我分段写在下面:

(一)他要建设的社会——在经济一方面:社会的种种组织,都扎根在经济组织上边。社会的争斗,压制,贫困……都是经济"不平"使然。所以"五月一日"的趋向,是要把一切生产机关从资本阶级收归,按照自由共有的大义,建设新的经济组织。在政治一方面说:政治的变化是随着经济的——经济情形变了,政治情形也要变了:有了奴隶制度,便产生了奴主政治;有了农奴制度,便产生了地主政治;有了工价制度,便产生了资本家的立宪代议政治;……从来的政治都握着经济者压制对方的器具,一切的政府都握着经济者自卫的器具。压制他人不公道,自卫也不公道;奴主政治固然不能令我们满意,代议政治亦何足令我们满意?所以"五月一日"的趋向反对一切政府。他承认"互助"是生物自然的道德,社会进化的枢纽;他要人类脱离一切宗教、法律……的钳制。

(二)他的改造社会的手段——从前的战争是国与国或族与族的战争,以后的战争应当是被治者对治者的——平民对官贵族或劳工对资本家——战争。前者是以争夺权利或报复为对象,后者是以铲除不平等的阶级为对象。过去的革命不外争斗权力,所以要革命,必先获取政权;今后的革命专为解放"被权制"的社会,所以要革命,必先破坏政权。什么是柴伯灵大飞船,什么是六十四生得克鲁伯,什么是二十四门大炮的铁无畏,这些都是从前战争的利器。但在改造社会者——"五月一日"的跟从者——的眼里,不但看他不起,反觉得他们为了区域和阶级已经造够了罪恶,都应当废弃。"五月一日"非军备!他改造社会的方法,不用虐民的武力,不用纡远的议会,他主张用"平民的直接行动"。他第一步在建设之先的破坏,就是"劳民们一齐丢了工具"的总同盟罢工。总同盟罢工是复权最好不过的方法。G. H erwegh 有一首指挥罢工的好歌,我用来做这一段的结尾——

 Man of work alight,

  and know your might,——

 All weeels stand still,

  If your strang arm it will.

"五月一日"的希望和手段,我在上边说过了。他所希望的,还是未来的世界。我们回想三十四年前的"五月一日"的光荣,不要忘了"芝加哥殉难者"(Chicago Maltyro)卜孙氏(Parsons)和他们同志的奋斗精神,还要使每年五月一日都有那样复权的运动,直至他——"五月一日"所希望的社会到来而后止!

(一九二○·四·二四)

原载 1920 年 5 月 1 日《北京大学学生周刊》第 14 号

山西劳动状况

（1920年5月）

《新青年》①为了"五一"世界劳动节,要出个劳动节纪念号,陈仲甫②先生要我转托在太原的朋友调查那边底劳动状况,我便函托了太原我底一个朋友去做这件事。后来我想山西底劳动状况,北部、南部和中部有些不同,觉得北部大同和南部河东都有调查底必要,接着去问陈先生,但陈先生已经出京去了,所以没等得陈先生同意,我便又转托了大同和河东的朋友。现在,太原和大同底调查结果都已寄来,我为整一起见,特把他们编成个《山西劳动状况调查》。但这个调查十分不完备,遗漏了好些重要的部分,是我底朋友和我要对《新青年》表示歉意的。又这个调查,太原一部分是我底朋友续约斋和我调查的;大同部分是我底朋友韩雪峰和方成章先生调查的。

山西底劳动状况是很难调查的,因为那边人民除了务商的一部分外,大半多是务农的;虽然有一小半工人,但（一）企业团体很少——差不多还纯然是家庭工业时代,（二）各地自为风气,工人并无何等组合。企业的工业既不发达,工人方面又这样涣散,所以调查起来,很感困难。这个调查,是以太原代表中部,大同代表北部的。但山西劳动状况这样没系统,他们那里能够代表这两部普通的情形,我仅敢说这是太原和大同底劳动状况调查。

（一）太原底劳动状况——

太原底劳动状况,因为我们调查底时间很短促,不但遗漏了好几项工人；就是调查到的，也很不完备。现在只就调查过的分类列来——

（一）工厂工人——太原从前没有工厂，工厂是近几年来才有的；但虽然有几个工厂，对于工厂底条件，却欠缺的很多。这个现象可说是那边底一个坏现象，也可以说是一个好现象：这几年来，小百姓叫苦连天，公家也入不敷出，未必不是由于工厂本身条件欠缺，不能发达，必须仰给外来生产品底缘故；可是那边工厂对于工人，倒没什么万分苛刻的地方，未尝不是这样组织不完备的工厂的一种结果。现在我把我们在那边调查过的工厂劳动状况逐一写在下边：

a. 平民工厂——这个工厂是由公家设立的，成立已经七八年了。向来是专门收容无赖、小窃、乞丐和一切游民的；——凡是这样人，不论老幼男女，警察随时都有权把他们捉进工厂做工去。凡捉进去的都失去了自由权，名为工厂，实在是个变形的监狱。这些囚犯式的工人那里还高兴努力去做工，每天不过敷衍了事罢了，所以每年工作品售价底所得，连本厂开支都不够，总要公家补助一万余元。工人都不给工资。按例，每月终由厂长分别勤惰，以定赏罚；但这个赏，每日至多不过银圆二角。工人工作时间每日约八个钟头。工人的"衣""食"和"住"，由于工厂预备——每人每月给约值一元六角的食用。管事人对于工人，倒没有十分苛待的地方。厂中每日给工人授课一小时，教浅识和注音字母。若有死亡的工人，工厂备棺埋葬；老的不能工作时，送普济堂——太原底一个养老院——养老。

b. 军人工艺实习厂——这个工厂名为军人工艺实习厂，其实工人多半是雇来的，不过其中管事人多是些退伍没处安插的军官罢了。厂中底正务有"修械"和"造币"两种。工人有工长、工匠和工徒的分别，工长每月工资五十元；三等工徒每日工资铜圆十枚。每日工作时间约十一小时。工人能在厂中寄宿。厂中每日供给午饭一次，扣银三分；惟工长不在厂内用饭。厂中每年给工人工衣两套。工人底数目共八百余人，都是男子。除春节休息三日外，每两星期休息一日。工人出外,都要经严密的搜查一过,才可以放行。

c. 山西实业试验所——是个织工厂。工人有一百余人,都是男子。每日约工作十一小时。工资按月计算,数目不等,由七元五角至十五元,按工人手艺底高低分别定工价底多寡。厂中仅供给住所,饭用由工人自备。待遇亦不甚苛刻。工人死亡,厂中备棺埋葬。

d. 山西蚕业工厂——里边工人有二百人,也都是男子。工资数目不定,因厂中给钱的多寡以每日织成物之多寡为定——每日约银一二角不等。每日工作时间不一律,不能计算——这全是因为厂中给工资不按日计算,按织成物底多寡计算底缘故。厂中对于工人,亦不苛待,每日尚令工人上课二小时,教国文、算学和实业三样。工人死亡,也由厂备棺抬埋。

此外还有双福火柴公司、电灯厂、粮饭局……没得调查,所以没写在这里。

(二)手艺工人——这些工人种类杂多,调查起来,挂此遗彼,更是不可免的。这里调查的,只是拣同类人数众多的工人调查了一下。太原手艺工人向来多是单人做工或是合伙揽工的——包工的很少。因为近二年来,太原方面建筑很多——盖自省堂咧,修督军府咧,还有些傅青主祠堂和国民师范学校、兵房……好多些建筑,便造了许多时势英雄的包工者。不论那样建筑,总要跑好些包工者;包好了,工头才去招雇苦工。因为包工还分着总包工和分包工。总包工把工包到手了,便坐等着在分包工身上赚钱;分包工又在工头身上吃钱;工头又在二工头身上想法子……一块钱剥了又剥,洗了又洗,轮到苦工——真正的工作者——底身上,比苍蝇底翅子都薄了!

所以近来在太原盖那高大洋房的工作者自然都是受苦多而赚钱少了。但因为调查这事底时候正当着旧历年关,这些可怜的弟兄们都还有家可归,回家过年去了,所以他们底情况没曾调查上,这里调查到的还仍然是那些非包工制的手艺工人了。

a. 木匠——大概都是——单独或合伙——被佣作佣工,自成工厂的很少——虽有几个小木厂,大半是工人合伙开的,资本很小,没什么大规模,不过是专做些家用木器和棺材。小木厂底工人,既然兼着资本家底身份,年终的"红利"便是他们一年惟一的酬报;就是工作底时间,他们为他们自己劳苦,也没有一定时间了。至于那些被雇做工的,大约每日得工资一角至三角,这是要看工人缺乏不缺乏和他们做工底技能定的;他们每日工作约十小时左右;若被包工者雇去,当然不能有这样便宜,每日要做工到十小时外了。他们每日除了年节休息几日外,再不做休息。他们在城市做工,大概食宿都是自备;若到乡下,主人不但供给食宿,还很优待——每逢个年节,都要拿酒肉来犒劳他们;在城市的犒劳,大概是现钱,但数目很微。

b. 泥水匠——这一类工人多是专门修理中国式房屋的,也有好些被招去盖大洋楼的。他们若做非包工制的工,主人待遇和木工一样。他们每日约得工资八分至三角不等;若在十六岁以下仅能"搬砖""调泥"的童工,每日仅得银五分。他们工作时间每日约十小时。一年休息的日子很少,但遇天雨,他们也要息工了。

c. 雕刻匠和油画匠——这一类工人很少,多是单独被雇做工的。每日工资自三角至一元不等,视活计粗细而定。工作时间不一定,工人很自由。工人待遇,较他工为优。食住亦和别工一样:在城市做工,自备;在乡间,由主人供给。

d. 做首饰工匠——太原首饰店很少,所以这类工人也很少了;加之山西近年官厅严禁妇女修饰,所以这项工作品更不能发达了;但业这样手艺的却得钱很多,他们底工资是按年计算,每年约二百元内外。工作时间不一定。

e. 理发匠——这类工人有单独营业的,也有合伙开理发所的;也有招致学徒开理发所的。单独营业和合伙的都没一定工作时间,大概自早七时开门至晚十时关门;每人每年除食用外,可净得钱约三四十元。招致学徒的仅由一师傅供给学徒衣食宿,不给工资。

f. 五金匠——种类很多,大半多是招致学徒营业的,雇工开店的很少。详细未调查。

g. 缝工——这类工人多半招致学徒和合伙经营的。每年每人约剩——除食用外——银五六十元。忙的时候，他们每日工作总在十几小时。

还有许多杂工，都未及调查。右项工人还有可注意的一点，就是工人对于学徒，不给工资——主人有给工资的，也须经师傅底手，扣留十分之四或六，或仅津贴鞋袜费。有时师傅对于学徒，和私塾先生对学生的一般，往往施以夏楚。

（三）劳力工人——似苦力的工人，太原种类很少。现就调查过的，分写在下边：

a. 人力车夫——约一千余人。劳动时间不一定。每日除缴"车份"——即赁车费——四角——普通价——外，约可得钱四吊——每吊合铜圆十枚——至十吊。

b. 挑水工人——售水一担，得制钱六文。每日可总得钱若干，未详。

c. 车站脚夫——代搬客人上下车行李，每件铜圆三枚，全归工人；装货一车，约二至四元，看货之贵贱分别定之。

d. 澡堂工人——专打水和烧水。每日工作时间不一定，至夜二钟无顾主，才散工。每日工资约一角至二角。食宿堂内供给。

还有运煤工人、运排泄物工人……未及调查。

（四）佣人——

a. 差人——做一切仆役的事情。每日服役时间无定。工资大多按月给予，每月约三元左右。食宿由主人供给。

b. 女佣——职务与差人同，惟较轻。每月得工资八角以上至二元左右。食宿亦由主人供给。

c. 厨子——任做饭和买菜肉一切事情。每月约得工资三元至四元。食宿亦由主人供给。

d. 农人雇工——这一部分是太原城北一个村子调查的。本来

"农"和"工"应当两分,这里不当把他们也加进来;但因为山西那边,农人除自耕作外,"佃地"的很少,多半还是雇人来耕作,这雇工当然也是"工人"底一部分了。那边农人雇工分长工和短工两种——山西大概多是这样——所以我也分着写出来——

（1）长工——都是男子。工资老壮不同:壮年工人每年工资最多至二十四吊;老年每年最多至十八吊;牧羊童子,每年工资约六吊至八吊。每日工作时间,四季不同:春冬两季,每日约工作九小时;夏秋收禾的时候,有夜工。每日工作约十二小时。食宿均由农主供给,并不恶劣。每年除天雨或下雪不做工外,都不休息。

（2）短工——短工都在扒苗和收禾的时候雇用。壮年工人每日工资约二百文——合铜圆二十枚——老年约一百五十文,女工约一百文。每日工作十小时。农主不供给食用;有愿由农主家供给食物者,工值减半。

（二）大同底劳动状况——

大同底劳动状况调查,因为调查的仓促,更有许多不完善的地方。现在仅就调查过的列在下边——

（一）工厂工人——大同工厂,这里调查过的仅有一个:大通面粉工厂——仅有男工四十余人。每日工作约八小时。工资按月计算,至多数至二十元;若临时添雇工人,则按日发给,每日工资约银一角。食宿均由厂中供给。厂中对于工人不苛待,亦无教育机关设置。

（二）手艺工人——

a. 木匠——每日工作约八小时。每日工资一角二分。食住均由雇主供给。

b. 泥水匠及一切杂工——其工作时间及工资略与木匠一栏相同。

大同一城业制革的很多,惜没调查到;还有些要紧工人也没调查到,这是我们很抱歉的。

（三）劳力工人——这里调查过的,仅有农人雇工一项,兹分列如下——

（1）长工——壮年工人每年工资至多约三十元;老年约二十元。每日工作平均约十小时。食住均由农主供给。

（2）短工——壮年工人每日工资一角,老年七分,童工四分,女工五分。每日工作约九小时。农主供给饭食。

（三）结论——

山西自励行"新政"后,人民底负担比从前增加了好几倍（有一位朋友告我,他说他们那边一个小地方,从前大约三万吊,现在却要十八万吊了）。人民一方面很有些叫苦的地方,但劳动界一方面却还没什么十分的饥荒。据我看来大概因为:（一）近两年虽然百物昂贵,工值一方也随着增加了好多;（二）人民负担是按地亩分担,负担虽重,都没有什么直接轮到没地的工人头上。有这两种普遍山西的现象,所以那边工人底生活要比那边"日出而作,日入而息"的小地主们容易多了。

附:太原生活需要品价目调查表

品目／计算俱时价	大米	谷米	麦面	黄米	季米	黄豆	谷子	豌豆	粗上白布	海盐	大化盐	肥炭	煤	柴	油
计算俱〔具〕	每斗	每斗	每百斤	每斗	每斗	每斗	每斗	每斗	每匹	每百斤	每百斤	每百斤	每百斤	每百斤	每百斤
时价（按大洋计）	○.七○元	○.三六元	五.○○元	○.四四元	○.三六元	○.三二元	○.一八元	○.三○元	二.○○元	四.七○元	七.五○元	二.五○元	○.八○元	三.○○元	铜圆十三枚

（附注）山西近用之斗与秤,系由前农商部定之官斗、官秤。斗以谷米较,每斗约十六斤;秤公平十六两,尺用木京尺。表内之上白粗布,五丈长,一尺六寸宽;其布次者,价亦次之。

原载 1920 年 5 月《新青年》劳动纪念号

【注释】

① 《新青年》,初名《青年杂志》,1915 年 9 月 15 日创刊于上海。1916 年 9 月第 2 卷起改本名,实行革新,由陈独秀主编。参加编辑的还有李大钊等。是"五四"时期的著名刊物,在推动新文化运动上起过很大作用。1920 年 8 月改为上海共产主义小组机关刊物,在上海出版。1921 年中国共产党成立后,曾以该刊为中央机关刊物,在广州出版。

② 陈仲甫,即陈独秀(1879-1942),安徽怀宁人。"五四"新文化运动的主要领导人之一。五四运动后,接受和宣传马克思主义。1920 年 8 月组织中国共产党上海发起组,进行建党活动,是中国共产党的主要创建人之一。1921 年 7 月,在中共第一次全国代表大会上当选总书记,第二、三、四、五届大会,都被选为主要领导人。在第一次国内革命战争后期,犯了严重的右倾投降主义错误。

解决时局的我见

(1920年8月1日)

这回吴佩孚们讨伐安福派①的战争,事实上已算得了胜利。渔行的几位老板,都已逃的逃,躲的躲;他们的小头目和几万喽啰也打的东奔西散。剩下太平湖的那些小虾兵,已成了没买主的猪仔,又被战事吓的不成形体,一时绝不敢兴妖作怪。看来,这安福的凶焰,现在虽还没尽如我们的希望,完全扑灭。但事实上现在他们的器卫,确已完全解除,暂时似已不需兵力来防他们凶顽的抵抗。现在最急要的问题,当是这战后时局的解决了。但这战后的时局怎样去解决呢?这是我们老百姓人人都有一分责任,要赶快来讨论的。

我觉得,我们应当在着手去讨论这件事之前,先要认定两个前提。第一,要认定这回的时局的解决,是全国的事情,不是一系或一界的事情——不当只让军人去解决,当由全国老百姓共同来解决。民国成立九年了,这九年之中,那一件事情不是官僚武人专断,何尝加入民意来,所以闹得国事糟到如此地步。去年五四运动起了过后,似乎一时民意蓬勃。未几,安福派看民意不利于己党卖国行为,到处任意摧残。现在万恶的安福已经失了爪牙,我们真正中华民国主人翁的老百姓也可以抬点头,行使我们的主权了。但在这时局解决的当儿,我们只听见说某使主张这样,某将军主张那样,说闹的很热闹。我们老百姓们,却好似封闭了口似的,连一声也不响。我们要晓的这回吴将军们代表公意,打翻万恶的安福派,不要说是某系打败某系,要说人民打败军阀和贼党。吴将军们已尽了他们击贼的责任,剩下的这纠纷,难道我们还不起来和他们共同解决,还忍心放掉专教去麻烦他们？所以这回时局的解决，我们老百姓都要负一分责任。第二，我们要认定这个时机是个改造的时机，不是个递代的时机。我们看吴将军们的宣言，这次讨伐鱼行，只是要为大家除去祸害，我们敢信他们不存有"取彼而代"之心。但恐因一时明见不及，或者过于容忍，致助成第二军阀的产生，也说不定。倒一个军阀，再起一个军阀，在老百姓一方面，固然万分说不到什么利益。就是军阀的本身，踌躇满志之日，也就是颠覆败灭之机。现在吴将军们推翻的段祺瑞，何尝不曾倒袁倒张。一成军阀即势趋必败，"殷鉴不远"，就在"本上将军"身上。我这样说，并不是疑心吴将军们，不过是警告说这是一条不好的路子，请大家多加小心，不要去蹈覆辙罢了。在吴将军们一方面，自然是要不但替大家除了已成的祸害，还要防止种下未来祸害的种子；我们老百姓也应当助他们不往这条路子上走。我们只要认定这个时机是改造的时机，要把时局的解决搁到改造的称上去；不要当他是个传衣钵的道场，要把这做过孽的衣钵打碎了。至于我说要改造，并不是说什么彻底的改造。不过希望在这个当儿，把那九年假民治的招牌洗刷一下，拣些不合民治精神的把他去了，拣些民治必需的东西加了进来。我们固然希望完全真实民治的社会早早实现，但实际上还有好些忌嫉他的阻力，他来的还要很慢。我们现在也不侈望，只希望这回时局的解决，有不拘多少的民治，给我们不断改造的蒙泉，泉流涓涓，终有一日流到"彻底改造"之海。

我上边说的是解决这回时局主要的两个前提。我往下接着说我对于时局的主张。

解决时局，吴将军宣言拟开公民大会，我很赞成这个主张。不过吴将军好像说的是只在北京开公民大会，这一点和我的意思不同。若只是北京开个公民大会，征集到的是否就是普遍的民意？这是当然做不到的。若各处都开，决议庞杂，又将何去何从？若是说在北京开公民代表大会，代表又用何法选举？这也是要预先讨论的。若是和选"国会"议员一样的方法去选，谁能保证督军省长大人们不再钦派几个猪仔来？况代表是要他"代表人民的意思"，不是他的意思，就能够代表人民；就照选议员的法子选出来，他又怎样去征集人民对于这回时局解决的具体意见？这都是要先研究的。我以为比较的好一点是，用各地各种公益团体互约在一定期限内，共同召集公民大会，议决各种解决时局的方法！代表即可由当场推定——或委托发起大会的各团体，代选数人。每地代表至少须在三人以上，以便互助监督。选定的代表，须限定非现任官员，或现役军人，曾列名政党的，亦似可限制勿选，更要注意安福余孽再来作怪。代表选定，即须启程赴全国互相约定之总集合地方（代表会议，我以为在北京好点）；在代表集合地点，可由当地各公益团体，委托若干人为纠察员，以便察视各地代表行止。这样似乎过于琐烦一点，但是一则可得较真确一点的公意，一则也可以替各地代表保证免去有人说他们受人利用的冤枉。各地代表聚齐外，便可自由集合；各代表可将各地大会议决案互相报告；若有多数相同的决议案，便可作为代表会之议决案；其余可再由代表重为一度详细讨论，再付表决。代表会议决的一切案件，可直交政府定期执行，由各地公益团体联合监督。我说的不过是个大略程序，详细可由各地方议定。

我赞成开公民大会来解决时局，并且拟了个举行会序的大略，我已说过了；我且再说我所见到这会上应当讨论事情的几件：

（一）惩办安福派——这件事听说这两天已在进行之中，不过外边传的消息，未免太宽容了些；听说有祸首十人，统率定国军的首领，却反不在数内。次如一年来破坏教育的傅岳棻，和段氏的司库曹、陆二个，也都没算上；还有些更不用说了。我们并不是要替他们往深处抬资格，其实凡列名安福党籍的，那一个还不是杀人越货一般的强盗。他们的首领曾借外债六万万元，杀死同胞十五万人。我们家乡误拔死人家树木的，还得拘役三日，这样的大凶，若是放了，衡之法理人情，岂得谓之平？我的意思以为，宜将这一干人向来凶尽恶绝的，都应当一律捕留，治以应得的罪。没收他们的一切私产，作为赈救这次战地受祸的人民,如有余款,可存做教育用费。若其他作恶较浅的,由法庭宣告,剥夺全部公权终身。

（二）裁兵——现在中国军队,总数约一百几十万人,政府支出的强半都养了军队,而军队多事,常令遍国扰攘。现在安福军队已有十五万人可以遣散,其他可减的军队很多,这回时局的解决,正是个裁兵的好机会。据我的私见,全国军队分别裁留,最多不得过四十万人。

（三）废督——中国是民治国,乃有种种不伦不类的官制。如督军一职,几年来他们做给我们的成绩,我们都看见了；我想这种病民的官制,早应把他废了。这回解决时局,废他也当是一件。废督之后,各地军队可由陆军部直接管理,中间一切关系军职的官,一律都可裁去。不过这个和裁兵一项,都有特殊势力的阻力,能做得到做不到,只看民气发扬的程度罢了。

（四）实行地方自治——这一次段派的失败,一半固然是军阀不能立足于二十世纪的明证,一半也是个中央集权失败的反证。这回解决时局,应当要力办到实行地方自治。我这里说的地方自治,不单指区域宽大的省制,连各县小区都说在内。

（五）筹定教育基金——中国这几年来的政府,有几千万元来募冗兵和收买党员的费用,提到最紧要的教育,只听说某处兵占校舍；某处学校停办；什么还能说政府有教育基金的筹定,有时连常费都移作军用了。某国立大学要办图书馆,仅十万元的费用,比较渔行开支不过两月费用,还得自己去想法子。我们要使政府从今后要保证常使教育费宽裕并且要筹定的款,储存信实的银行,作为教育基金。

（六）恢复人民三大自由——年来安福的作恶,对内乱湘乱陕,对外卖路借债,人民反对,便凭恶势力来摧残。所以这两年来,我们虽名儿上说是民治国的百姓,比俄国有"沙"时代的百姓还要苦些,什么约法上所许的集会言论出版三大自由都被剥夺了。现在恶势力既去，我们当然恢复自由。我们还希望以前非法制定的什么治安警察法，和什么出版法，都一齐取消了。

这些问题，都不过我信口道来，没什么学理根据的说明。像这一类要急待解决的事情，多是多极了。南北和议问题、外交问题、财政问题、内阁问题……都是一长链的结子，拉这个，牵到那个，都有急待解决的必要。这些问题究竟怎样去解决？不但说明上烦难，事实上做去也很烦难，我不是专家，更不能一一分开来细说。不过临了我可说一句话，若拿着"为德谟克拉西②之安全而战"的这句话，来做解决这回纷纠的骨子，我们自然不会错，自然不会失败，我愿我全国人民都来做这一句话的忠勤的仆人。

原载 1920 年 8 月 1 日《晨报》③

【注释】

① 安福派即安福系，是北洋军阀皖系操纵的政客集团。1916 年袁世凯死后，皖系军阀首领段祺瑞任国务总理，控制了北洋政府。1918 年，皖系政客徐树铮、王揖唐等在北京安福胡同成立俱乐部，进行政治活动，控制国会，被称为"安福系"。1926 年段祺瑞垮台，安福系瓦解。

② 德谟克拉西，是 Democracy 的音译，意为民主，又叫民治主义，当时称为"德先生"。另有 Science，译为塞因斯，意为科学，当时称为"赛先生"，是五四运动期间李大钊、陈独秀等人提出的两大奋斗目标，又称为两大旗帜。

③《晨报》初名《晨钟报》，1916 年 8 月创刊于北京，为当时在政治上拥护北洋军阀统治集团的政团之一——研究系的机关报。1918 年 12 月改名为《晨报》。1919 年 2 月《晨报》副刊进行改革，李大钊参加编辑，变成宣传新文化和社会主义思想的刊物之一。1928 年 6 月 5 日停刊。

时局的解决与学生

（1920年8月11、12日）

对于今兹时局的解决，我们——学生应当怎样来尽力？应当朝着那个方向去运动？这是我们在着手运动之前，不得不预先筹算一下，预先择定的。我这篇文章就是为了这个意思特地来作的。我是学生里的一个，我很希望我的话对于时局的解决和我的同辈都能有点帮助。

我们以民治主义为信仰的，想把政治和社会拉到一起的，对于今兹时局的解决——不用说——当然是赞成开国民大会来公决的，集合全国人来开个国民大会，一时的事实还不许我们做到，现在我们希望的只还是个较能代表公意的国民大会代表会。（其实这不过是我一个人的主张，照报上发表过的，好些人的主张都是说举行"国民代表会议"，不是说举行"国民大会代表会议"。）照这几天报上发表过的议论，讨论到这件事的很多，他们的主张关于这会举行的方法是怎样，我暂且不去管。只这选举代表一层，他们的主张，却是多数侧重学生被选的。这样主张，我觉得有点不合事实的要求，这是我不客气要在这里说的。

我的私见以为，今兹开国民大会代表会来解决时局和制宪，固然也有些要学生加入被选的需要，但还有些别的较充当代表更重要的需要须学生来供应的；这两方的需要，在精神上和时间上，都似乎不许学生同时兼顾。我赞成学生担任较重要的部分，放弃较轻的部分，所以我的主张只是希望我们学生放弃这次国民大会代表的被选权，余下精神来做别的更需要的事情，至于选举权，我以为我们是绝对要有的。

我上边不说还有些较充当代表更重要的需要须学生来供应的吗？那究竟是些什么事情呢？我留待这文的后半篇再说。这里且先试研究一下，假使学生加入被选，究竟有些什么好处？这次的会既拿"国民"二字来起头，顾名思义，武人、官僚或政客要来反对或操纵，我们固然要去防止；就是别的清白团体若是近于包办的一方面，我们也应当来反对。倘侧重学生当选，即便选的都是清白的，是不是也邻于学生包办？如其不然，就是使学生跟别的公民或团体一样的平均被选。依这样见地的主张，无非是以为国民多数知识薄弱，若学生不被选，就让限定军人、官吏和政客不得入选，事实上选定的，免不了不是些土头土脑的乡老儿，便是些猪仔般的流氓，也恐怕结果弄得一些人是毫不懂事理，一些人却被人操纵了。学生较土头土脑的乡老儿，自然，要有知识些，较流氓的品行，自然也更要清白的隔开了几百丈，若让他们当选，即可以帮助乡老儿知识的不及，又可以监视流氓们被人利用。在主张这样的，设想周密，用意未尝不好。不过，我觉得，怕被选人学识不足一节，就是我们不当选，也有法帮助，尽可不必顾虑。至于怕被人利用，这一层却难说了。我敢说句话，无论在怎样周密的选举法底下，总挡不了选出坏人来；只看社会监督的力量强弱罢了。如果监督得很严，就是坏人当选也必然有点顾忌，不敢轻易为恶；若是监督不力，好人又何尝不能为人利用？就是学生，我们不要看得自家太清高了，如果我们也被选，有人敢确保我们的同辈都不会做"钞票"吗？本来学生加入是要监视别人的，若不幸也不清不白了，我们又怎样讲？——若不是学生，代表会里发现了什么些不三不四的人，我们倒可以堂堂正正教训他们一气。若是自家差出去的"好人"做了歹事，却恐怕我们要羞于开口了。就是退一步想，假定学生被选的都不会做"钞票"，按代表的总数说，应理，学生不过是很少的一部分。外面裁制即弱，里面清白人又少，那些坏人仗着多数要来作恶，我们能把他们怎样？新国会里难道说都是安福，然而因安福是里边的多数派，这新国会，就教安福支配了，日本民众渴望的普通选举案为什么通不过议会？就是因里边有占多数的政友会。按之情理，国民大会代表会既不许学生去包办，而和别团体平均被选，若外面没有强有力的监督，在事实上必不能发生什么好效果。所以我觉得，我们——学生对于这次举行国民大会，应当森严我们的壁垒，来做个强有力的监督者，不要加入漩涡，反倒不好说话了。这是我不赞成学生加入被选的一个理由，也是我们学生要尽力于这回时局解决当先择定的第一步。

这次国民大会代表会，还不过是个试验，他能够成功与否，全看他需要的条件完备不完备。代表固然要好，监督固然要有力；但只选出了好代表，加严了去监督，这个会就准开好了吗？大会需要的条件都完备了，我们不能成功倒许是有的；若条件不完备，便求个成功，那恐难了。所以我觉得我们对于这次大会，应当极力求方法和条件的妥善，不必孜孜在被选不被选上打算。如果我们把这次的方法和条件弄得妥善些，就是生不出什么好结果来，或者也不至于教后来的人当我们这次是个"覆辙"，没人再敢来说开国民大会。不然，若弄成袁皇帝的御用会一样，那我们这次极力提倡这个会的人，罪可大了。所以我觉得我们还是设法来妥善这个会的方法和条件是第一要紧。关于使方法和条件妥善的，我觉得，有好些都是要学生去做。我可以把他分做几项，逐条说来：

第一，要极力唤起国人的注意。现在各地对于国民大会还是很沉闷的没什么声息，我们要赶快起来鼓吹，务必要把这回国事的解决，都握在全国老百姓的手里。我们不要悲观，说中国民智不够，一时提不起来；其实只要我们接连不断的去往上拖带他们，效果是慢慢可见的。况且这回又是讲社会教育的一个绝好机会，我们一向主张文化运动的学生们，更不要轻轻放过。

第二，要讨论出个国民大会代表会召集的具体方法。关于这次大会召集的方法，吴将军已拟了八条，国人在报上发表的也有好些。但究竟大会的具体方法是怎样，现在还没有讨论出来。因为他没有具体方法的缘故,有一部分存心要来反对召集他的,却在那里日夜想藉口他举行的困难来驳他,说他不能举行——现在虽然还没明目张胆说出来;至于一部分向来就是无可无不可的先生们,也因看他有些困难怀疑起来,不知跟那厢是好。就是我们想来提倡他的,却也因着心中还没个确定方法的主见,不敢极力地来主张了。我想我们若是能够马上讨论个具体方法来,公之全国,不但可以塞反对的口,就是我们运动的也有个中心的把握。若是因此助成了大会的产生,那岂不是我们信仰的政治的第一步成功?岂不是我们在国事的解决上一个大大的贡献?据我的私见,要讨论他的具体方法,非先把举行他的些困难地方一一指出来不可;这些困难解决了,他的具体方法就决定了。照我见到的,要讨论出大会的具体方法,有下列各点先要解答。

1. 由怎样团体去发起?——发起的团体的责任有限制不?——怎样发起?

2. 召集国民代表会,抑召集国民大会代表会?

3. 如召集国民大会代表会——

a. 各地单独开国民大会,以怎样区域为单位?

b. 提交会上表决的条款,由何处提出?

c. 派赴国民大会代表会的代表怎样选定?

d. 每地选代表几人?

4. 如召集国民代表会——

a. 选举区域以何为单位? 县呢,还是省呢?

b. 普通选举,抑由公益团体代推?

c. 如用普通选举,每地选举几人?——被选人资格有什么限制?

d. 如由公益团体代推,团体成立及会员入会日期是不是限定在一定年月之前的?——每团体推几人?——会外人可否被选?

e. 如选举区域以县为单位,还经一次省区复选不?——复选取初选几分之几？

　　f.代表怎样征集本选区老百姓对于时局解决及制宪的具体意见？

　　5.每区域代表人数是一样，还是要有比例？——如要有差等，拿什么做多寡的比例？

　　6.代表的公费由那里支给？——公费团体，抑中央或地方政府？

　　7.代表会集议以那里为最适当？——北京、天津、保定、南京、上海？

　　8.代表总数以若干为限？

　　9.若代表人数众多，将取何法集议？

　　10.代表选举时，怎样去监督？——开会时，又怎样去监督？

　　11.选举日期及集会期间要不要预先规定？

　　12.非代表人向会上请愿或旁听，有没有限制？

　　13.代表不称职，本选区可否撤回？

　　14.代表会的组织和议事规则，要预先规定，抑留下由他们自己去规定？

　　15.代表会是否只限定解决时局和制宪？

　　16.议决的事情，交那个机关去执行？如交政府，怎样去监督？

　　17.议决的事情，如实在有执行的困难，又当怎样去解决？

　　18.如政府拿什么一类的治安警察法和些牛鬼蛇神法来摧残我们的这次集会，我们又怎样对付？

　　第三，预定应当提列大会的问题。这回大会既然是拿解决时局和制宪来做主脑的，当然关于这两样的问题都要在里边解决。我们仔细想想，这些问题多是多极了，若不早提出来，临会仓促，总免不了有些想不周到的地方；我们学生尽可抢先把这些应当提到的问题都提出来，让全国人预先一件一件的充分的思索一下，后来提到会上，也有个充分的解决。

第四，联络各地各公益团体发起大会。召集国民大会不用看政府的意思是怎样，这不是政府的事情；这是我们老百姓的事情。我们既然认定这回国事非由国民大会代表会解决不可，便要起来做；做的第一步便是发起这个会。这件事不能让武人，也不能让官僚或政客，我们学生尽可不客气起来联络各公益团体去做。我以为要发起这个会，须先讨论出个具体召集大会的方法来，并拟定个召集的日期，先联络几个地方，通电全国人民或团体；如回电多数地点赞成我们的办法，这长期的旅行就算启程了。

上边说的几件是未开会前要做的。还有几件，是要我们在开会后做的。

第五，讨论各个问题解决的方法。我们把各个要在代表会讨论的问题，都拿"民治"二字做精神，一一的详细讨论过，并假定各个问题的解决方法，讨论的不要怕太详细，发表意见的也不要嫌地方太多。讨论的有个结果，便一方面把这个问题解决的方法和为什么要这样解决的理由，详细寄达代表会，一方面登在报上，或通布全国，□舆论一致的帮助。这是各地学生和学者都可做的。

第六，组织通信机关或报纸供给有关会上的意见和报告代表的举动。我们在代表会开会地点的学生，可在开会的期内，组织个通信社；一方面可采集各地对于会上要发表的意见，印成传单送给各地代表，一方面可就近调查各代表的行动，报告他的本选区人民，如有不三不四的代表，各地也可想法处置。并可直接找各代表，去和他谈话，这样或可以把我们的主张和他商量，也可以监督他们。这些责任，若是能单独办个报来实行，那更好了。

第七，逐期举行游行大会。我们在代表会集会地点的学生，更可每逢星期或假日，在会场附近举行游行大会。游行的时候，可每人拿面旗子，上边要写上很简明的话，如"实行地方自治""全国军费每年不得过岁出总数百分之二十""新国会非解散不可"……一种的文字，每次每人的旗子都要一样写，旗子逐次改换。这是我听得一位学者的主张,这并不是儿戏。若我们这样做,不但对于各地有许多有益的暗示,就是对于当地市民,也可望有些社会教育的收获。

第八,监督代表的行为。这一条是顶要紧的一层,也是当由全国老百姓合来做的一件,并不是学生单力可做到的。我这里着重说到他,不过是希望我们同辈和全国人对这点特别注意他。监督的法子是很多的,能不能实行他,只看一个"社会裁制力"强弱罢了。

学生加入被选,既没什么十分的必要;除了被选之外,还有些事情要学生当中心去做。所以我这篇累赘的长文的结论,不过是——

我希望学生对于今兹开的国民代表会或国民大会代表会——假使我们的力量足以把他开成——不加入代表的被选,只在会外设法和全国人来帮助他们,监督他们。

(一九二○年八月八日)

我这篇文刚做完了要往本报送的时候,接着本报,见上边有鲁士毅君的《国民大会与学生》一篇,我甚感鲁君的主张跟我的一样;我见了鲁君这篇,本打算不再发表我这篇,后来又一转想,觉得我的文里似乎有些鲁君未曾讲到的地方,而且发表了也可见得鲁君主张不单是他一人有的,所以我不怕人嫌我累赘,决定送报发表了。

原载1920年8月11、12日《晨报》

与日本亚细亚学生旅行团的谈话

(1920年8月20日)

中日两国青年相聚谈话不必客气。亚细亚学生会之不适合于世界潮流,鲁君言之甚详。诸君(指日人)既称该会有改造世界之意,当联合全世界之青年而为全世界之改造,是吾人很希望的。各国青年,和军阀官僚奋斗,以破除世界之黑暗,是吾人所欢迎的。吾人当以世界之所欢迎而为世界之贡献。贵国讲民治主义、社会主义、无政府主义,总觉得是假的。朝鲜受辱已达极点,固为军阀派之罪恶,但贵国青年何以无所表示。再由其他方面观察,贵国青年,多以种种虚名为牢笼他人手段。如是而欲求改造,是无希望的,甚望贵国青年注意此点。贵国天皇之下有财阀军阀,这也是贵国的污点,如能将此等财阀军阀打破,就是世界青年牺牲也都可以的。

附:中日学生之谈话会

日本亚细亚学生会旅行团来京,由北大图书馆主任李守常先生介绍与学生联合会接洽。闻该会于二十号下午一时,假北大第二院开茶话会。日本学生方面到者有早大诸富一郎、庆大长滨松二、松下俊雄、拓大小杉三郎、明大伊藤七雄、拓殖楠木靖臣、古贺重雄、安武慎一等八人。学生联合会方面有林宝慈、鲁士毅、高尚德、瞿世英、向大光、孟寿椿诸君,并请有邹宗孟、孙伯纯两先生翻译。其中谈话颇可记载,兹采录于左。

该会于二十号下午一时二十分开会,首由林君表示欢迎的意思。略谓诸君此次旅行敝国,并驾临敝会,同人等无任欢迎。中日两国感情素来颇好,因为军阀所扰,两国国民乃多有隔阂。今得此机会,彼此交换意见,从前猜疑,当能冰释。次日本诸富一郎君致答词,并言两国国民,应以诚意的接洽为排除障碍之起点云云。瞿、高两君先后发言,请报告亚细亚学生会之组织及其宗旨。日本伊藤七雄起立言曰,斯会于去年由中日学生各十五人发起,其目的在改造亚细亚之基础。现时正在进行。至于宗旨,尚未完全确定。第二次在东京开会,中国学生到者甚多,有反对者有赞成者,而反对派居大多数,日本学生因此愈深惭愧。自北京、上海等处排日事起,斯会因之滞阻,至三月二日继续开会,筹商联络亚洲各国学生,组织斯会,期望成立。目前尚无他项团体加入,惟日本学生做会员云云。

瞿君谓:听了伊藤君的话,贵会宗旨已明了。其大概,不过人是社会的一分子,社会进步是全体的,军阀是社会进步的障碍物。中国之所以有五四运动,无非是要想排除社会进步的障碍物。社会如白纸然,纸上有黑点,全体的白纸都受侮了,并非一部分的事,若这一部分与别一部分同时并进,社会始能进步,倘一部不及某部,必定是他生了障碍。要求社会进步与白纸上无黑点,是我们青年人的责任,非一部分人所能做得到的,欧美亚各国的学生均有力焉。世界能进步与否,即视各国学生对于此点之热度为如何耳。

日本小杉三郎君起立,谓略深佩瞿君之语,此后吾人当以正义为根据,互相提携云云。

鲁君士毅谓:诸位来到敝国,以亚细亚学生会名义与敝会接洽,敝会同人于兹颇有所感触。窃思十八十九世纪人类的智识眼光,尚不免有井蛙之见,时至今日,世界潮流已趋向于共同轨道,从前所谓国家主义、部落主义,实无存在之必要。即贵国发起之亚细亚学生会,虽云为联络亚洲各国学生起见,然此种主义在吾人心目中,似觉有所偏向。昔日我们中日两国以国土人情上之关系,稍为接近,彼此的国交都讲亲善。中国人对内对外,素来以诚相见,所以我们对于贵国的亲善是实在的,此乃已成的事实,谅贵国人亦深知之。我以为世界是交通的,人类是进步的,我们当舍弃大陆主义,进而为世界主义,然后适合于人类的趋向。学生会的联络,不必限于亚细亚,欧美诸国之学生,未尝非吾人之良友。更进一步言,吾人同为青年,欲谋人类的幸福,当保持人类之和平。吾人所行所为,若与人类之趋向离隔太远,当然失去人类之同情,自身陷于孤立的地位。即如敝国此次因国内军阀专横,肇乱祸首,已由我国政府下令通缉,贵国公使不察事实,竟以正式文书送达我外交部,而一并收容之,且认为国事犯。此不特使我国国民对于贵国公使之不能满意,即英法美诸国亦大不以为然。国际间之条约尚难遵守如此,而欲谋彼此感情易于融洽,犹之新嫁娘,勒令其即时生产,势有不能,或因此再引起我国国民排货之举动,亦意料中事。贵国公使,听命于贵国政府,吾人深望贵国人民默察友邦之态度、敝国人民之心理,催促贵国政府即时觉悟,无为此越轨行动,致使两国感情日愈薄弱,而吾辈青年之希望,不能达到云云。

高君尚德谓(见正文)。

日本伊藤七雄君谓:人生宇宙,求幸福是一大宗旨。幸福何在,要亟力研究改造,为求幸福之基础。但改造也有联络之必要,鄙意(日人自称)以为不必从□□下手,至于日本之大财董,如以其财分给全体国民,亦复何伤。法律方面也是要紧的,普选本为急务,但事实上颇难做到,鄙意对于此数事不大赞同。

瞿君士英谓:法律、普选、政治诸问题,都是要由平民定的,然后才能合乎人类之要求。

孟寿椿君谓:我于今年五月曾游贵国,因时间仓促,未与诸君接洽,今幸诸君来此,并聆诸君言论,以人道正义为前提,深为佩服。中日两国,因有许多误会,致国民颇有隔阂。上次游历贵国,是敝国国民自动的与贵国国民联络的第一个机会。误会之原因甚多,其中最重要的则为向外发展、向外侵略两个观念,而日日鼓吹这两种观念欲自收其利益者就是日本军阀和财阀。以此侵略之罪归诸日本,不但中国人有此评论,即贵国之某某君亦承认之。不过此种责任,日本人当担负,中国国民亦当担负,因军阀财阀之侵略,由于国民不能匡助政府以排除此障碍也。贵国国民如果觉悟,宜取直接行动,不宜徒尚空谈。贵国之军阀财阀,望贵国国民负积极的责任而排除之。我曾忆贵国早大某教授云,世界之水,其成分同是一样,因气候和冲力不同的缘故,某处结冰,某处混浊,军阀财阀,压倒平民也是如此。要想世界流通,当扫除这些冰块混浊,要想世界平民政治实现,当要将平民政治的障碍物一切扫除,至于法律、普选都是极重要的问题,我以为当从教育上下手,为根本的解决。高君刚才说两国国民携手,贵国国民宜将军阀财阀先行打破,此非过论。因为有破坏然后有建设,贵国国民勿因此误会,军阀未打倒以前,恐不能携手也。

鲁君士毅复谓:诸君(指日人)言论各所有表示,我也明了许多。因两国国体不同的关系,所以双方的主张,自然略有不同。但是帝国制度的计划,万难与世界共同一心在一正轨上进行。各界人深望迷信□□无上的国家,打破阶级制度,应随世界潮流,无使欧西人讽东方人之部落主义于今实现,不特贵国人民之福利,亦世界国家之一大进步。语毕有长滨松二、林宝慈君先后发言,都极沉痛。时已四时五十分,彼此相谈甚欢,茶话间日学生方面均感谢优礼,并合摄一影而散。

原载 1920 年 8 月 20 日《晨报》

我的举行国民大会的理由和方法

(1920年9月4、5日)

我前在本报上发表的《解决时局的我见》和《时局的解决与学生》两篇文章,里边都有提到国民大会的地方;不过这两文的题义不是要专论这件事情的,所以我私心,对于举行他的理由和方法都没得在这两文里边充分的说了出来。我又作这篇文章的目的,就是要把这些我要说还没说的话,补了出来,供大家参考。

我极力主张要开国民大会的理由,固然有一半是希望要他使时局有个好的解决,但多一半却是为了举行他,可藉着给我们麻木不仁的老百姓两个有益的教训:

第一,可藉着举行他把民主政体的真意义传到老百姓心里。——中国挂了九年假民主的招牌,实在怨不得这些混账官僚和蛮横武人的许多,是要怨我们老百姓不争气,不去追究他们。不过我们也要想,可怜的好些老百姓都还装满了一脑子忠君敬上的国渣,见知事还称"父台",当总统就是大老皇帝;何尝晓得官僚、武人作恶他们可有权去处置,又何尝晓得放纵官僚、武人是他们自己的罪孽呢!我们从今天起,要使他们都明白民主的真意义。改造的机会时时迎着我们;民治主义的宣传没时没有这个需要。我们既认定这回时局的解决是个改造的机会,便要拿国民大会来担负这个担子;我们拿他来固然是要解决好些事情,但他的效果还不止这一面。我们藉着他不但很容易把"民主国主权在民"这个观念打到老百姓心里,且可把这回国事的好和歹都放在他们手里去处理,使他们——多数——都晓得他们便是这国的主人翁,又知道主人翁对于一切国事都有过问的权利——这回国民大会的举行实在是个善宣传的牧师,他在"社会教育"上的收获要比平常丰富了多少倍。如果老百姓大多数都了解民主的真意义,自然慢慢地再不会有那些强奴欺主的现象,再不会让他们拿一块假招牌来换我们的真"公司"了。这是我所以极力主张要来开国民大会的一个理由。

第二,藉着举行他可开个"养成与恶势力奋斗的惯性"的端。——我们历来有个很不好的惯性:凡事人人都喜欢有个成功,却人人都怕困难,若是这里边更带着与恶势力碰的味道,那更人多不敢插手了。这是第一等比劣货还要劣的性,我们要打破了!这回要举行国民大会的声浪传开之后,极力主张要举行的固然是多,反对的也有好些,那站在一旁说平话的却实在太多了!反对的除别有存心的以外——在理论上的理由都有人驳倒了;惟有这些说平话的我们还没法去说服。其实他们也多是赞成开国民大会来解决时局的,不过他们看出这事一定要遇到恶势力的拦阻和别的困难,都心说:"难得很——办不到,算了罢——"便退缩在一旁了。我们不恨恶势力要来拦阻我们去执行主权,只恨我们自家多数人提拔不起来,怕恶势力和困难,不去奋斗。有恶势力,有困难,我们总可以想裁制和减少他们的方法,若我们自家提拔不起来,恐怕不仅止这回要为恶势力和困难吓下去,还恐怕要永远做恶势力的俘虏,永远解决不了困难了!我们要联合起来去奋斗,我们要打破了历来盘结在我们血里边,怕困难不去奋斗的劣性。我们看得很明显,这回去举行国民大会,必然要遇到些恶势力和许多困难;我们不因为前程有这么些荆棘便缩了手,我们自然要有一番奋斗。这回奋斗的结果成功不成功,我们姑且先不要问;只就他奋斗的价值说,至少也可给普通一般人心中一个很好的暗示,使他们遇到再次奋斗不至这样退却——开一个泉子,泉水流来将旧的畏难的污点洗了去;将奋斗的石子冲了出来。这是我极力主张要来开国民大会的又一个理由。

我的理由不过很简单的两个,却费了好几百字去说明,我觉得很对不起读者。我下边要说我私下拟下的举行国民大会的方法了。

（A）国民大会举行的顺序——

（一）国民大会的举行分为三部——
(a)各地国民大会筹备会；
(b)各地国民大会；
(c)国民大会代表会。

（要开国民大会，总要有筹备会，这点想大家都同意的，用不着我说明了。现在有好些人多是说开国民大会——代表会——而不是说各地也要单独开的。各地单独都开个国民大会，自然有好些烦难，不过我觉得各地不单独开一个，代表拿的还脱不了是自家的意见，他无从去找本区居民的具体意见。我主张各地先单独开个大会，只是为了征集这个具体的意见。）

（二）各地国民大会筹备会由全国各地在同一地点的农、工、商、各团体自由联合组织之；每地只限设立一处。

（三）各地国民大会由全国各地集合本区居民单独举行；举行日期，须全国相同。

（四）全国各地国民大会的代表，至一定地点集会，是为国民大会代表会，地点在北京。

（中国现在实在没一块好地方——不是这里是浪人的根据地；便是那边是武人势力的范围；无论到那里去开会，都不教我们放心。北京固然是个空气恶浊的地方，不过他是个中外学者、新闻家、各国使馆驻的地方，总比较得官僚、武人要少做点恶，所以我主张代表集会地点要在北京。）

（五）前边"二"和"三"所说的"全国各地"是指——北京、天津、南京、汉口、上海、广州、各省会、各大商埠、各县治、蒙古各部落、青海及西藏各部。

（B）各会的职权——

（六）各地国民大会筹备会的职权是——

（a）筹备关于举行本区国民大会的一切事务——在国民大会举行的十日以前，须将大会集会的日期、地点，及所有提案通告本区居民；

（b）筹备及办理关于选举本区代表一切事务；

（c）代本区国民大会接受别地送来交本区国民大会的提案，并提出议案分致各地（各地送来的提案若有用意相同的，可仅以语意最完备的一个提交本区大会）；

（d）与各地同样团体商定各地国民大会举行日期。

（七）各地国民大会筹备等本区国民大会开过及代表选出以后，便要取消，另改组成一种机关来做下列三件事情——

（a）如接有关于代表会消息，须周告本区居民；

（b）采集本区居民临时意见转达于本区代表；

（c）若接到本区代表不称职的通告时，可设法决定其撤换。

（八）各地国民大会的职权，是在议定各地送来及本区提出关于时局各问题及国法——宪法和法律——各议案。将成立的议案交本区代表携交代表会，即作为本区居民对于时局的解决和制定或修增国法的具体意见。

（九）国民大会代表会的职权是——

（a）议决关于时局的一切议案；

（b）制定宪法；

（c）废止各种非法制定的法律及增订各种重要法律；

（d）监督本会一切议决案的执行。

（十）国民大会代表会一切议决案件有交由中央政府执行的权。

（十一）关于一切议决案执行的监督，可由国民大会代表会闭会时选出若干人来组织个委员会去担负。如政府执行议决案吃力或拒绝执行的时候,这个委员有权通告全国设法来解决。若在平常,这个委员会须将各个议决案执行的程度和经过通告全国。

前款所说的委员会待各议决案均执行完了,应即解散;如各议决案尚未均执行完了,而由新宪法召集的国会已经成立,这个委员会亦应取消,他监督的事体由国会去接办。

(十二)国民大会完全由国民自由联合举行——关于他的一切筹备、提案、集会、印刷、言论、张贴及议决案,任何官厅或官员均不得丝毫干涉。

(C) 各会的组织——

(十三)各地国民大会筹备会的组织分为三股——(一)本区国民大会筹备股,(二)本区代表选举事务股,(三)庶事股。各股干事由在会的各团体公同推人担负;每股设主任一人;全会设总干事一人。

(十四)各地国民大会举行时,须临时推定一人为主席;会场上一切设置及杂务由筹备会派人担任。

(十五)国民大会代表会的组织分为三部——(一)通常委员会,(二)特别委员会,(三)制宪委员会。

(十六)通常委员会更分为政务、教育、军政、交通、财政、实业、法律等股。

(十七)制宪委员会专任草定全国公共宪法;通常委员会任承议各地代表及一定团体及一定人数提来关于解决时局的一切议案;特别委员会专任办理本代表会一切行政事务。

(十八)国民大会代表会本会、各委员会及各分股均须选定一人做主席。

(十九)制宪委员会委员由代表会大会投票举定三十人担任,制宪委员会可广聘中西学者做顾问,以备随时咨询。

（二十）通常委员会及特别委员会委员由代表全数——除制宪委员外——分做四组，每星期更替二组，轮流担任。

(D) 国民大会的提案权——

（二一）各地国民大会筹备会或农、工、商、学各团体联合或单独提出的提案，有三大城或十县以上同性质的各团体联合或单独赞成的和或有五百人以上受过普通教育且有一定正当职业的人联名提出的提案，都可通布全国，作为各地国民大会的议案。

（二二）在各地国民大会已开过之后，如前款各团体或个人有新提出的提案时，若有五大城以上或二十县以上如前款所列各团体赞成的，或如前款所列人一千名以上联名提出的，都可直接送达国民大会代表会，作为议案——（代表会接收的议案有用意相同的，可仅取语意最完备的一个作为议案。）

▲〔我这里所说的"大城"，是指北京、天津、南京、上海、汉口、广州、库伦、拉萨，及省会说。本来国民大会是人人都可拿出意思来的，用不着说什么团体或什么人，或多少团体或多少人，才可提案的。我要限制这个，原没深意，不过我希望这样规定，(一)提案人或可纯洁些，(二)提案既可根据公意，又当可不至毫无意思，(三)提案不至烦琐。至于团体和人数限定的数目，不过我个人想的，请读者再斟酌一下。〕

(E) 各地国民大会的举行——

（二三）各地国民大会宜在本区适中的村市屋外广阔的地方举行。

举行时，除将所有议案先期通告本区居民外，并须印成传单在会场上发散。议案发散后，由人民登台自由演说，说明各种议案的意义和关系;说明完了,便一一表决。每个案子的表决,都要用——让赞成的和不赞成的分站两边,按两边人数的多少来定这个案子的成立或不成立——的法子。

(F) 各地国民大会代表的选举——

(二四) 各地国民大会代表由各地年满二十岁以上身心健全的居民——不论男女——共同投票选出。

▲〔关于国民大会代表的选举,我们这些时主张的有三个法子——(一)复选,(二)由公益团体代推,(三)普通选举。这次是国民大会,顾名思义,复选制是要不得了。就是由公益团体代推,□论事实上各地这些团体多不完备;就是完备,也都是绅士派;不得已请他们尽个筹备的责任还没什么教我们恐慌的去处;若为省麻烦,连代表也教他们推了——我前几天就这么想——那恐怕这次的会要变作绅士代表会了!这次要行普选,我们看见,固然也要出些毛病;但这是我们的缺点,不是制度的毛病。我总觉得普选比较适当些,所以我主张用他。〕

(二五) 凡各地年满二十岁以上的居民——不论男女——若完全合下列的各样规定的,都有权被选为本区国民大会的代表。

(a) 有一定正当职业;

(b) 曾受过中学或中学以上教育;

(c) 没有残疾和精神病;

(d) 不是现任官吏;

(e) 不是现役军人;

(f) 不曾入过安福部。

(二六) 各地国民大会代表选出的数目,照下列规定——

(a) 北京、天津、南京、汉口、广州各地每地各选代表三人;

(b) 各省省会及蒙古、青海、西藏各部每处各选代表二人;

（c）各大商埠及各县每地各选代表一人。

（二七）各县、蒙古、青海及西藏等区域宽大的地方当选举代表的时候，须将投票地点分做好几个地方；惟开票地点，每地当限定只有一处。

（二八）各地国民大会代表以在本区得票最多的为当选。

（G）代表会的会议——

（二九）国民大会代表会会议分——（一）各股会议，（二）各委员会会议，（三）全体大会三种。

（三〇）国民大会代表会所有会议一律公开。

（三一）各股议决的案件，须再经本委员会议过；各委员会议决的案件，须再经代表会全体大会的通过，才算成立。

（三二）宪法除由制宪委员会三读通过再经全体大会通过外，须经国民全体投票批准，方得成立。

（三三）国民大会代表会各种会议须有本会议应出席人数三分之二到场；才得开议。

（三四）国民大会代表会各种会议对于任何案件的表决，须有出席人数过半数以上的赞成或反对，才得成立或否决。

（三五）代表会议一切表决，俱用投票法。

（三六）代表集议期限为四个月；期满，议案未完，得延长之。

（H）国民大会的监督——

（三七）各地国民大会的举行和代表的选举均由当地学生、公民及律师组织监督机关严密监督。

（三八）各地国民大会举行或代表选举时若查有从中操纵或舞弊的人，由监督机关直接向当地法庭或司法机关告发；当地司法机关亦得按扰害公益论罪。

（三九）各地监督机关在本区代表选举的以前，将本区曾入过安福部的人调查确实，排单通布本区。

（四〇）在代表集合地点的监督机关除办（三八）和（三九）两事外，并为监督代表会的机关。

（四一）监督代表会的机关须注意下列三事：

（a）须时常纠察各地代表的行止——最好设一代表招待处，常招待各地代表来谈话；

（b）对于代表会一切会议，每会都派一定人数前去旁听；

（c）随时将代表会各种消息通告全国；若查有不称职的代表，除向代表会警告外，并说明其不称职的事实通告其本选区，请其撤换。

▲（我这里说要组织监督机关，并不是说有监督权的只是这个机关，不过要他做监督的中心罢了。有力的监督还得靠我们不在监督机关的人！）

(I) 国民大会的费用——

（四二）各地举行国民大会及选举代表的一切费用由加入筹备会的各团体共同担负——如各团体能力不足，亦可由各地方公益款下拨助。

（四三）各地代表仅支来往旅费，其款额由各地地方公益款下，按距总集会地点的远近给予。

（四四）各地代表在集会时一切费用及代表会公费均由国点支给。

▲（关于这次国民大会的费用，有主张由公益团体供给的；有主张由政府支给的。主张由公益团体支给的，大概是以为这次是开"国民大会"的，不好使政府的钱。其实政府的钱，也是国民的，没什么使

不得。)

(J) 国民大会组织法的成立——

(四五)不论那个地方的农、工、商、学各团体,联合提出的国民大会组织法草案,经全国各大城总数十分之七尽先的,该草案即做这次国民大会的组织法。

我这个举行国民大会方法的大概,虽然是个人草的,却采入了时贤的主张不少——孙几伊、彭一湖和邓初民三位先生的意见有些我很赞同的,我都采取了——又,我这篇文章关于方法的一部,是我从我草给北京学生联合会供大家参考的一个节略里修改下的;我已得了联合会的允许,所以我无忌讳的在这里发表了。

(一九二〇・九・二)

原载 1920 年 9 月 4、5 日《晨报》

"到自由之路"究竟在那里

（1921年7月24日）

罗素①在他底大著《到自由之路》里，批评了这个主义又批评那个主义，他底所谓"到自由之路"却一点没明确地讲出；我们读过这书的都不免有些失望。这回他在北京讲"中国人的到自由之路"，他又是一样地使我们不明了。他一方面好似也觉悟使生产堕入资本主义的罪恶，我们实有把赤俄制度搬来的必要；同时他却又誉扬国际共同管理有用，且说"中国最紧的需要是爱国心的发达"。所谓"国际共同管理"，是不是要把一个国家压伏在更大的国际资本主义之下？爱国心不过是对无产阶级的一种欺骗，专用来拥护第三阶级以上人的利益的，难道这还要劳大社会主义家罗先生来提倡吗？讲社会主义，同时又赞成资本主义联合的管理，还要提倡拥护有产阶级利益的爱国心——这那里是指给我们到自由之路，这不过是英国第三个半阶级的一位绅士指给我们不可识别的 half way 罢了！嘿！好一个我们一万四千元大俸换来的 Guild soeis-list②的临别之言！

原载1921年7月24日《民国日报·觉悟副刊》③

【注释】

① 罗素（1876—1970），英国著名哲学家、社会活动家。20世纪60年代，罗素将他的巨著《西方哲学史》寄赠毛泽东，此书的节译本称为《西方的智慧》，由中国妇女出版社出版。1920年至1921年曾来中国讲学，在北京、长沙等地演说。

② Guild soeislist，疑应为 Gfild socialist.

③ 《民国日报》，中国近现代著名报纸之一，1916年1月22日在上海创刊，1924年国民党"一大"后成为国民党的机关报。在中国共产党的影响和国民党左派的努力下，曾经宣传过反对帝国主义和封建主义的主张。《觉悟》副刊为当时四大副刊之一，1919年创刊。

少年中国学会会员终身志业调查表[1]

高君宇　终身欲研究之学术：地质学、生物学。终身欲从事之事业。中国地质及生物分布的调查和著述或平民教育。事业着手之时日及地点：新纪元二十八年（民国十七年），地点暂不能定。将来终身维持生活之方法：地质的或生物的著述或教育。

【注释】

① 填表时间在 1920 年 10 月到 1921 年 11 月之间，1921 年 12 月公布。
② 据《五四时期的社团》，三联书店，1979 年 4 月版，第 1 册，第 420-421 页。

在少年中国学会南京年会上的发言[①]

（1921年9月1日）

人不可无一种主义，是无疑的。学会会员为创造少年中国便于分工互助，不可无一种共同主义，这亦是无疑的。那便如何能为学会产生一种共同的主义，不能今天无大略的决定。我以为主义不是宗教，是一种办法。是用他向各方面改造的方法，不限于政治经济方面。我不赞成先做各种事业，以求生产共同主义的话。因无共同主义，在先所做的事，尽有背道而驰的，无可以产生共同主义之理。故我信还是限定一期间，以研究主义，然后即规定一种主义的好。

（一九二一年七月二日）

原载 1921 年 9 月 1 日《少年中国》

【注释】

① 本文标题为编者所拟。少年中国学会是"五四"时期规模最大、会员最多，后来分化最大的一个社团，由李大钊、王光祈等人于 1919 年 7 月 1 日在北京发起成立，在南京和成都等地设有分会。1924 年总会迁南京，1925 年底停止活动。出版的刊物有《少年中国》《少年世界》等。

听了江亢虎君讲演之后①

（1922年6月23日）

江亢虎②君从世界第一个工人的国家考察回来了。他从前标榜的是一种四不像的社会主义；这回出游俄国，我们以为他总会得着些教训，或可将他向来头脑中的模糊刷清了些；及昨天在职工教育馆听他讲演之后，我由不得想这人更令人失望了。

江君昨天讲的是"俄国现状"。他全篇演说词极没有次序，大概是他没有预备好和不善演说的缘故。临了，他提了（一）武力革命，（二）无产阶级专政，（三）少数集权，（四）世界革命——四条，逐条加了批评。他的议论并不清晰，大体看来确是属于完全反共产主义的一面；但并不能说出什么理由来。

江君演说词中最大的一个错误，就是他认为：俄国自一九一七年十月革命之后，就将共产主义实现了。俄国的革命诚然是共产主义革命，革命之后，政权已移转到无产阶级手中了；但这还是革命的初期，说不到革命的工作已是完了，更不能说共产主义已实现了。十月革命在历史上自然有重大意义，但从这点起才开始了"从资本主义社会到共产主义社会"的过渡工作；在这个时期内，要将旧的政治、经济和伦理一律都刷清了，从新建设了新的经济新的文化。新社会的条件具备了，那是共产主义才实现了。江君对于社会主义革命必要的历史过程，都没有了解，竟将第一步过渡工作认为共产主义的实现；他不了解共产主义者所要的社会是怎样，那更不用说了。这是江君考察了俄国而没有考察明白的第一点。

因为江君有这么个根本的错误，他一切立足在这个错误上的批评便变成了更无意味。更错误的是：江君以这个根本错误为俄国困苦现状的前提，而又以现状的困苦为已证明共产主义失败。江君素以"社会大家"（即社会主义大家）自豪，历史上较繁复的革命过程不晓得罢了，怎连目前较简的现状因果都弄错了呢？我们也知道俄国的目前是当着一个困苦的机关，但同时却记得俄国是经过了四年屠残世界的帝国主义战争而又经了四年资本主义的围攻和内乱的，俄国现状困苦完全是世界的资本主义加给他的祸害，实说不到革命是他的原因，更说不到这样就证明共产主义已失败了。我们更看英法意等国的现状，便可以得个旁证：这几国是没有共产党人革过命的，但他们所受于大战的损失是怎样？他们现状扰攘又是怎样？——他们社会的困苦不过较俄国的程度稍差些；若以俄国革命为现状之因，那么，英法等国困苦又该归罪那种革命呢？我们对现社会所能下的判决，只是归罪资本主义。江君所立的两个基石都没处站足，他所建在这基石上的议论自然是不驳自倒了。

江君说"俄国现不是无产阶级专政，是五十万共产党人对一万万人的专政"；这是他拾了罗素"百分之五的人口的专政"的余唾。俄国现在是不是无产阶级专政，我们当要从下列两个问题的答案来决定：

一、共产党所代表的利益是什么？

二、工人在政治上的势力怎样？

共产党是无产阶级的政党，除了无产阶级利益之外，他不代表何等别的利益；更于党的本身没有异于无产阶级利益的利益。简单一句话，共产党就是替工人阶级做事的政党。就俄国的情形说，共产党人物虽有些出身不自工人行伍，但共产党所努力的确完全是为了工人阶级的利益。至于工人在政治上的势力，我们知道在俄国现在，凡是工人都有被选入苏维埃之权。江君说"苏维埃全为主席团包办；主席团提议事件，有时竟一字不易通过"。主席团出于工人选举；主席团所提案件一字不易通过，这可见苏维埃全体信任主席团，又可证明主席团所提案件合于全体公意。若以提案不易一字通过，便是工人不能实行参政的证据;那么,江君所认为工人参政当然是:不论提案的内容如何,总要每件都修改一道了。以这么一点便要来证明俄国工人无实权参政,俄国不是无产阶级专政,这是何等滑稽的逻辑!

江君在俄国停了半年,连俄国近一年内政治上最大的一件事情他都不知道,真是怪事。留心世界政治状况的人们总会记得去年报纸上关于俄国政策变更的记载。俄国新经济政策是去年三月决定的,江君到俄则在是年六月(据他昨天说的),是江君到俄,已在俄国允许自由交易和私人设立企业之后。江君在莫斯科街上所经见——初时只有两人对换物品,不久又有了小摊,又有了小铺,现在资本家也起来了——那是允许交易后,交易发达的历程,并不是所以达到现在交易程度的原因。江君竟不知有新经济政策,竟好似以为交易不能根本禁绝,因而又发达起来,便造成今日现象了。江君,错了!

原载1922年6月23日《民国日报·觉悟副刊》

【注释】

① 本文发表时署名"江越"。

② 江亢虎(1883—1954),江西弋阳人。早年游历日本和欧洲,深受第二国际机会主义影响。辛亥革命后,标榜社会主义,在上海创办中国社会党。1913年,该党被解散。1921年3月,赴苏旅行,6月以中国社会党名义列席在莫斯科举行的共产国际第二次代表大会,曾跟列宁晤谈二次。回国后发表《第二次欧游回国宣言》,又撰写《新俄游记》,攻击苏联。讲《俄国现状》,即在此时。1924年6月15日,他为投靠北洋军阀,重新组织中国社会党。次年又把该党改组为中国新社会民主党,北伐战争时解散。

在少年中国学会杭州年会上的发言

（1922年7月2日）

我们的团体非有明白的主张不可，这种主张就是主义。我自身是信马克思主义的，去年便已如此想，并希望学会采取马克思主义。我相信无明显的主义便不能做出什么事业。就目前而论，采明显的主义虽是不可能，而采取共同的趋势却是必要，并且可能。

我们对时局的态度，当脚踏实地，根据于目前的政治及经济的实况。就现状言之，中国的所有者是外国的帝国主义及国内军阀。外国资本家除经济的侵略外，并利用政治以达他们的目的。结果中国的政治陷于半独立状态中。因此除反对军阀以外，我们应于任何可能范围内揭示帝国主义的恶魔，美国亦在反对之列。

至于倒军阀的方法，第一步就是用舆论唤醒国人对军阀的意识的反抗，凡是赞成民治主义者我们都当表同情，并监督他们不许与军阀联合。我们更不能赞成小资本主义的妥协主义，所谓妥协，即是投降。

赞成舜生①的提议并列举意见：
(a) 反对资本主义。
(b) 反对个人主义的运动。
(c) 表同情于第四阶级。

原载1922年7月《少年中国》

【注释】

① 舜生(1893-1969),姓左,谱名学训。湖南人。著名的国家主义者。为中国少年学会最初成员之一,从学会成立起,就担任学会职员。少年中国学会由几种不同信仰的人员组成,左舜生和曾琦、李璜、陈启天、余家菊等国家主义者跟学会内的马克思主义者李大钊、恽代英、邓仲澥(中夏)、高君宇等思想分歧愈加明显,1925年这些人秘密组成中国青年党,以曾琦为领袖。

少年工人与劳动立法[①]

（1922年9月3日）

少年的工友们：现在国会已经在制宪了，许多人都承认现在他们的痛苦，一部分的原因是由于在宪法上没有规定他们的权利，于是商人呀，资本家呀，知识阶级呀，劳动者呀，都起来争做制宪运动，希望将他们的利益规定在宪法里面。最近中国劳动组合书记部也拟了一种劳动法案，准备提交国会，规定劳动者的利益。青年工友们，你们看见了这提案没有？你们知道他关系于你们的重要么？

我们试想一想，每日在工厂中做十小时以上的工，赚最多不过一二角钱的工银，不能抵御饥寒，这是什么人的过错？资本家雇用我们做工，他们赚整千整万的大钱，我们反而饥寒交迫，我们工人是多数，他们资本家是少数，我们为什么任他们这样掠夺？我们不可以反抗他们，将我们的生产品，夺回归我们自己享有么？再退一步说，我们只是不安于现在的状况，起来组织工会，他们不是用兵和巡警解散了我们的工会，逮捕我们的工友么？我们因为工银太少，不足养活我们自己，要罢工时，不是有兵和警察强迫我们上工么？青年工友们，这是什么原故？

我们知道了，现在资本家所以横行无忌的，所以敢于将我们的劳动的生产品据为己有的，所以敢于掠夺我们的劳动，加增我们劳动的时间，减少我们的工钱的，我们不敢反抗的，都是由于他们有政府做他的后援了。他们有政府做后援，所以可以用兵力，用巡警压迫我们了。我们所以不敢将我们的生产品从资本家手里夺回，打倒资本家的，也就是因为他们有兵力和警察罢了。所以我们应当觉悟，我们与资本家的斗争是政治的斗争。是在政权上拼你死我活的斗争。

他们要利用警察和兵士,压伏我们,我们就应该奋斗,想法利用兵力、警察力压平他们。专门向一个一个资本家的哀求已经是不济事的了。

劳动立法便是政治斗争的一个方法。在宪法上规定我们劳动者的利益。防遏资本家对于我们有过多的掠夺,便是为我们将来打倒资本家的初步。假使我们在宪法上争得了权利,资本家敢于违犯时,那么政府的兵力和警察就可以裁制他们了。他们压迫我们,也有所限制了。所以劳动立法是工人为自己利益奋斗的一个必经的关头。

少年的工人也是属于工人阶级,而且事实上资本家压迫、掠夺少年工人比较成年工人尤其厉害,所以少年工人尤其应当为他们自己的利益,为劳动法案奋斗,以求达到在宪法上照样规定的目的。奋斗的具体方法不外是与成年的工人协力合作,向国会请愿,游行,罢工,以及其他的示威运动。少年的工友啊,现在时机到了,我们也不堪再被人掠夺了,我们要来为劳动法案奋斗啊!

原载 1922 年 9 月 3 日《先驱》第 11 期

【注释】

① 本文发表时署名澄宇。《先驱》,中国社会主义青年团机关刊物,1922 年 1 月 15 日在北京创刊。前三期由北京团组织出版,邓中夏主编。从第 4 期起迁往上海,归临时团中央负责,第 8 期后由团中央执行委员会负责。1923 年 8 月 15 日出至第 25 期停刊。本期为本文作者编辑。

杂 感①

（1922年9月3日）

今日国际少年纪念日，我们想欧美各国的青年在今天都有了轰轰烈烈的大运动了。惟有我们的中国，恐怕多数青年还不曾梦见国际上有这样一个日子，我们与世界各国隔绝的程度于此也可见一斑了。中国自五四学生运动以来，一般青年因为以前刺激过甚的反动，依旧回复了那醉生梦死的生活。我们试看在这几年来，几曾有过一回壮烈的青年的社会运动？青年是在社会中受社会的恶化较浅的人，尚且不免于为〔如〕此颓唐，其他为商人、小资产阶级、农人等的不自振作更是意料之中的事。个人的不振原不甚要紧，但是中国的社会改造，更不知待至何年何月才能实现了。中国民族的生存也不知能否长久了。

你们以为中国现在最有希望的不是青年，在最近的将来，青年应当起来做革命的斗争的领袖。最近青年的颓唐也只能说是暂时的现象，不是不可医治的。医治的方法之一即是将青年的眼光放大，使他能注射到国际上去，使他不令目前的利益所引诱，使他明了他在世界上的责任。我们今日介绍国际少年纪念日，便是想将世界青年的活动介绍于国内的青年们，使他们有所模仿，有所警惕，他们以后的斗争或者是根据于理性的，持续的，不致纯粹是感情的，冲动的，忽生忽死，忽有忽无，如现在的情形一样了。

自然介绍各国青年的活动，不是本刊一期二期的事业，并且以一期二期介绍国际青年的活动也不足以警醒国内的青年。这种责任在我们是很长久的，我们以后自然要努力，希望读者的特别注意。

原载 1922 年 9 月 3 日《先驱》第 11 期

【注释】

① 发表时无署名。

革命运动中之印度政治近况

(1922年9月20日)

（一）国民会议中心人物之渐失众望

印度运动的成分，是包含着经济利益冲突和社会趋向不同的几种因子；甘地曾用他感情的力量，将这些不同的社会因子在国民运动中结在一个连锁之下。他的被捕，至少影响到这个连锁，使他联合的力量涣散了。现下印度运动中显出的情势，是不同因子间的争议和不可避免的分裂了。要十分明了印度现下的情形，是很需要将他过去几个月与现下直接有关系的事实，撮要叙述一下。

英国皇太子游印度的时候，印度起了好多热烈的示威和大群的罢工；这个时期表明了二件事实：一方是群众革命精神的发达，一方是民族运动领袖人物——尤其是甘地——反对这种精神的发达，他们尤不乐意奖励这种精神。在阿梅特巴（Abmedabad）开的国民会议，是当了一个革命空气很浓厚的时候，但政府并未加什么压迫；自运动重要人物——大斯（C. R. Das）、来宜（L. Rai）及回教徒首领亚里（Ali）等——被捕之后，中心的人物多变成了胆小萎弱，政府就不压迫他们了。

这是资产阶级式的领袖破坏革命势力的证据，当着全国群众的示威运动迫着政府，向他挑战的时候，阿梅特巴大会却在那里刺刺不休地议论"非暴力"的重要，否认群众革命的行为，指那些是"胡闹"和"恶魔的势力"。大会并不按照劳苦群众迫切的痛苦，采用一种解救他们的革命纲领，而决定的却是所谓"建设的纲领"；这样纲领的采取，不啻连革命的预备工夫都丢掉了。在大会前几星期内起来的"不奉管理"的口号，是很有力量的号召，因为他很合乎贫农的经济需要，他们是热烈地应了这种口号来奋斗；大会建设的纲领可说是根本将不协作的政策和这种口号放弃了。大会——由他指挥者甘地口中——宣言说：不到"非暴力的空气充溢全国的时候"，不得宣布实行"不奉管理"。后来大会事务委员会在巴陶里(Bardoli，是甘地指定，在他亲身督察之下来首先实行"不奉管理"的地方)开会，结果使大会那样不革命的决定更加巩固了。委员会在巴陶里的决议和规定的条款，把一切革命的行动都中止了，这是不用说要失掉社会大部分的参加。

巴陶里决定的条款是：

（一）像周里周拉(Chauri Chaura)乱民残杀警吏和任意的焚毁警署，事务委员会认为是残忍不人道，可悲悼的行为。

（二）在每次乱事发生的时候，不奉管理的事实也随着发生，这是证明印度非暴力的程度，还没充足；大会事务委员会决定：要停止一切群众的不奉管理的行动，并训示各地方会议委员会，要他们劝告佃夫们交纳一切应纳给政府的租税，且停止一切有攻击性质的活动。

（三）群众不奉管理的行动，到非暴力的空气能保证像在格拉克浦(Gorakhpur)的暴乱和十一月十七及一月十三在孟买(Bombey)与马德拉斯(Madras)的骚扰不再重演时，方可继续采用。

（四）停止一切为了要向官家寻衅的公共集会和民团列队巡游。

（五）事务委员会劝会议中服务的人和各种组织要他们告农人，将地租扣起不交地主是违反大会决定而且有害于国家最好的利益的。

（六）事务委员会给地主保证：会议运动并没有妨害他们合法的权利的意思，虽然他们的利益有些地方是使农民受痛苦的，但委员会希望这些是用互助的商议和公断可免去的。

他们所谓"暴乱"与"骚扰",若拿第二条的意思讲来,就是指多次贫农起来反抗地主的变乱,和欢迎皇太子时候的大罢工运动。

下边载的是所谓"建设的纲领"——在群众武力的不协作的地方和不奉管理时所定的纲领——未曾决定的条款:

(一)征求一千万人加入为国民会议会员,要都是相信非暴力与真理都是与自治不可离开的。

(二)要使Charka(一种手摇纺车)和Khaddar(一种印度自织粗布)普遍印度全境。一切运动中的人,都要用Khaddar做衣,并习纺织。

(三)设立国民学校,但不禁阻入政府立学校。

(四)提高低压阶级的地位。

(五)设立社会服务部,使各阶级及种族联合在一起。社会服务部尽力于帮助一切受伤和得病的人们。

这是国民会议想用来领导印度民族解放运动的纲领。这样虚弱的标帜,结果,是一定会使他们不久在印度运动中落伍。

检阅了巴陶里决议和甘地及其他领袖的言论,便不会疑他们这样不是谨慎怕惹了政府的恼怒。他们这样可羞的让步的理由,是十分明显而可说出的:资产阶级的利益是要头一位就要说到的;英国的统治诚然是可恨的恶魔,但地主主义却要当神圣来供奉,这是运动中领袖的心理了。

(二)圣人甘地被捕之后

亚里同伙被捕之后,印度并没出现什么有力的援救运动,已可见运动在回教徒群众中信仰薄弱了。英太子在一个很危急的当儿来游印度,是具了一个要考察运动实力的目的,所以政府的政策是捕一个运动有力的领袖做试验。政府所计划的是做了,但运动领袖与群众间的分离也暴露了。政府对于国民会议向来没什么危险的高压,就是甘地,他在阿梅特巴大会前的活动,也是很有助于政府,明显的为帝国主义的权威辩护。因为国民会议运动性质偏在资产阶级的缘故,甘地便和群众一天一天的离开;甘地的被捕就是政府也指不出他犯了什么大不了的罪名,但这样无理的被捕之后,群众中间连愤怒示威的波影都难激动。他在法庭的自白像圣人与爱国者的殉道,一般的受尊崇了,把他的行为当神般的仿效了;但他被捕后所最显然摆在我们眼前的是什么呢?这次所表示出运动的实在形体,就是并没激起什么激烈的大示威,像往年受着些少摧残就起反抗一样。国民会议其余的领袖,自己替他们解嘲,还没有脱离他们的信从者也这样辩着,说圣人甘地常劝人当他被捕的时候,大家还要照旧完全不用暴力。其实这次没有大的运动,倒不是群众服从甘地的结果,有多次可做例证,这样劝告——甚至于他亲身到场,实遏止不了群众的行动。我们还明白的记得:自英太子来的时候,全国总罢工之后,各地群众暴动漫溢了全国,"不奉管理"口号生了同样的结果。这可见圣人的劝告和教训都不是这次消沉的原因。

甘地的落伍,证明印度运动可用一个空泛而不确实的计划来领导的时期已经过去了。在从前这样自然是可能,因为那时参加运动的各种分子,对于社会经济的认识都不大明晰,所以这些经济利益相反的分子,在表面上可连合在一条政治的战线之上,但当了甘地在阿梅特巴大会板起他的面孔来,一方面反对群众的革命行动,一方面宣言和温和派协作的需要,不啻要把一个政党明明白白造成了为本国资本家和地主经济政治发展的辩护者时候,他们很显然的阶级界线便显出了。

(三)各省会议之趋向

印度运动中是有好多种政治的趋向,甘地被捕之前,虽有多人不以他的主张为然,但因对他个人太敬仰的缘故,手口都如被了封缚,他的被捕将种种神秘解了;这是可从四月后半月各省大会中证明的,除本牙(Panjab),各省大会多是举行在虐政高压之下,会上显出的趋向,资产阶级观念和东方论调是一样都出风头;关于工人和农人运动的决定和议论,在这些会上很少获见。罢工、工会、农民革命的言论,会上并没给他们备下位置。

他们有二种倾向。一种明显的资产阶级倾向,他们主张与协作的温和派合作,换一句话说,就是要与帝国主义妥协;第二种是小资产阶级的倾向,因为他们不能了解目下的实际情形,所以他们不赞成资产阶级拘束的政策,也不赞成群众爆发的力量;他们走的是智识者的路。

还有一种倾向,是比较后来起的,这种是反对甘地主义的呼声,且要救国民会议出玄想政治的沼泽。在马行拉特拉(Maharashtra)、拜落(Berar)和中部各省,这些地方国民会议已有左翼发展,他们要求所谓"建设纲领"的改订。在这些会议中,这样反对意思占的地位虽还是少数,但是他们已有势力,迫使会议不得不组织各种附属委员会来考较运动的成就和失败,并已提出意见要变更建设纲领中的条款:(一)用本国生产的机器工业来替代 Charka 和 Khaddar,(二)义勇队要从事体育的训练和社会服务,(三)加入政务委员会(政府),组成反对的部分,(四)设立工业学校,(五)遣派宣传员赴外国。有些这样附属的委员会——尤其是那普(Nagpar,中部省份)——已有意见鼓动各地,主张将阿梅大会和巴陶里委员会决议根本废弃。但是他们所提议的新纲领,并无什么比旧的革命的地方。

(四) 新的路径

有些"乱人"的秘密组织,他们是从没接受国民会议为他们的领袖的,大战中间他们差不多全做了拘囚,现在也出台活动了。自从改革开始,官家压迫宽松后,这些人又重新集合他们涣散了的势力。现在他们的多数已用个人的名义加入会议,但他们仍保留他们的秘密团体,因为他们要保持他们革命的倾向。这些人加入国民会议已发展不少,最近在彭加(Bengal)一省,这些分子现很有力量,且在地方团中已占了多数,那边的地方会议就是由一个前属秘密团体的人管理的。这些分子现在是跟着大会的意思活动,他们不会自己提出更有力的奋斗方法。他们估计把"不协作"的运动推进一步,但当了"不协作""在非暴力"的石上撞破了的时候,他们便不能补救什么,只说要用"暴力"了。现在他们表示要去活动,但是仍离开实际很远。他们已在群众中间组织了些团体,做宣传和教育,但这些团体所做的宣传和教育并不是革命的,脱不了改良观念。但无论怎样,现在是有了一个找新观念和新方法来奋斗的趋向。

(五)劳动运动

国民会议的资产阶级——且已到了一种反动的程度——政策,是与劳动阶级的运动有妨害的影响了。全印度职工会大会,是在阿梅国民会议前二月开的。因为是一个群众示威的集合,职工会大会是要比国民会议更重要了。但这次大会对于政治的努力却放松了些。大会同时的示威,性质是经济的比政治的多。领导这样示威的领袖人物,我们现在还不大明了。这样新的趋向,国民会议并没——或者不愿意——注意到,只惊惶于群众弥漫全国的势力。那时最好是:国民会议定个奋斗纲领,连为了劳动阶级急迫的经济奋斗也包在里边。但会议走的路,却是愈走愈离开工人和农人的一条狭径。本来工会大会差不多是和那边的政治大会在同时举行的,证明工会和劳动运动已显然在反对革命的领袖指挥之下,完全与政治的运动分离了。同时国民会议与群众爆发势力的分离也暴露了,还有别的四省也是这样。左派极端主义的反对是没有价值,因为这个反对也没接触着群众的力量。

政治运动与劳动阶级的经济运动已分开了很远，这且不必说，劳动运动完全落在非革命的领袖手中了，虽然主观地看来革命力量依然在进行。参加工会大会的工会多数，说他们是工人的组织，毋宁说他们是长官的公所，这些人们不是拿劳动运动来做资本的，便是替政府做走狗。他们估计指挥工人，怎样处置他们，但他们还不能够遏制劳动群众自动——虽然觉悟尚少——的革命。在真的工会里，反对"上层阶级"的领袖渐渐产生了。

归结来说，资产阶级已证明他不能——而且也不愿意——将印度运动引导向着革命了，小资产阶级的极端主义，他倒不希望从和帝国主义的掠夺者妥协得回什么，他想进前一步，但他们无能力找出——也不会用——一个很适当的战斗工具。

国民会议是建立成个全国的组织了，但现在他一方面缺乏革命的领袖人物，一方面又丢掉了群众的帮助。能救正这种情形的分子现在还是很弱——但不是没有。这种新分子发达起来，才会救现在已露裂纹的运动不出于分离。这新的分子会使这解放印度民族的政治运动植基在劳苦群众的革命起因上面，且也会推使不堪外力压迫的资产阶级加入反对帝国主义的争斗。

大风雨前的沉默，这是印度现在的情形了！

原载 1922 年 9 月 20 日《向导》周报①第 2 期

【注释】

① 《向导》，中国共产党中央委员会第一个机关刊物，1922 年 9 月 13 日在上海创刊，蔡和森、陈独秀主编，本文作者和李大钊、张国焘、罗章龙参加编辑。周刊。不久，先后迁往北京、广州、武汉等地出版。1927 年 7 月 18 日停刊。

为陈独秀君募集讼费启事

(1922年9月24日)

启者陈独秀①君,为社会教育思想自由之故被捕,案虽了结,而关于讼费及销毁书籍纸版损失在二千元以上。陈君清贫,同人深患,遭此厄运,其何以堪。凡表同情于社会教育思想自由及与陈君旧,愿解囊相助者,上海希交环龙路铭德里二号高君曼,北京希交北京大学图书馆李大钊收转为荷。

蔡元培、李石曾、蒋梦麟、胡适、邓仲懈、刘仁静、张国焘、高尚德、李大钊、林素园、范鸿劼、黄日葵、蔡和森、缪伯英仝启

原载1922年9月24日《晨报》

【注释】

① 陈独秀在革命时期,多次被捕。1922年8月9日,在上海法租界被捕,经多方营救,18日下午交保释放。本文所写即此事。

土耳其国民军胜利的国际价值

(1924年9月27日)

安戈拉政府军队的胜利，已将不列颠帝国主义代理人——希腊——在士麦那以东的势力扫荡无余了。这是最近世界历史上一件重大的事情，重要在他有波及广远的国际性质，开被压迫民族世界的一个新局面。

土耳其这回的胜利，不是回教徒打败基督教徒的胜利，也不是黄种人打败白种人的胜利，更不是亚洲人打败欧洲人的胜利；是被压迫的土耳其民族反抗欧洲帝国主义宰割的胜利。这是从安戈拉政府的组织就是为了反对列强的处分，就可了然的。多少年扼迫在欧洲帝国主义宰割和欺凌之下，仅余残喘一息的土耳其，世人都推定他的命运只欠列强最后的一刀了；就是欲奋发有为的青年土耳其党人，也认为侵略势力的壁垒已成，无法可使之动撼，结果亦只有乞怜于帝国主义抚育之下。但经过了三年基玛尔派猛烈的反抗，现在居然归结个很大的胜利，不论他将来的进展是怎样，目前的地位已是可决定：俎上肉的土耳其已有脱离帝国主义压迫的希望了。且这种事实最足鼓励同一遭遇的各个弱小民族，壮实他们的气魄，召呼他们起来一致做反抗帝国主义的运动。至少，这个事实会鼓励了埃及和印度的运动，使他们扩张成更大群的更猛烈的运动。

这个胜利加以最大打击的，是英国帝国主义了；巴黎报纸说希腊的失败就是英国的失败，这话一点不错。英国自打败中欧同盟之后，挟着协约的势力，一方面又雇用希腊为打手，加土耳其以非常的宰割，从容捆卷许多权利以去。现在这些权利却要受动摇了。米索不达米亚的矿油是他不惜与美国帝国主义出于忌恨而争得的，是发展帝国主义的重要凭藉；"鞑靼海峡的自由"是和"中国门户开放"一样的为了帝国主义宰割的便利，英国早已成了全靠掠夺东方弱小民族的国家，他从"直布罗陀角到香港"掠夺优势的维持，全凭他海盗军力之一路横行无阻；但现在这些权利却都要受动摇了。最要紧是海峡自由，若他受了"胁迫"，不但英国帝国主义失了在土耳其"由我蹂躏"的根据，且会中断了到"苏夷士运河以东"的优势，致东方殖民地和弱小民族（大中华封建殖民地当然在内）不复再能优游处置；这是不列颠帝国主义如丧考妣要痛哭失声的事情，难怪鲁易乔治火得头发更直跳起来，宣言要出兵了。但除了海峡驻兵或者会与土军小有接触外，我们要问英国与土军宣战是可能的吗？可说是不可能。他战后的疮痍，殖民地的将要爆发的情形，美法日三帝国主义的从旁的窥探，都不容他有专力对土耳其的势力；即使他有这种优裕，但他国内的劳动群众已决定采必要手段力阻止战争，这种力量是一定会压制了英国帝国主义的武力行动，这是干涉苏俄革命的前事可做一个预证的。故结果，英国免不了被迫而出于与土耳其和平了结的一途。

战后的法兰西帝国主义，他一方扶植小协约国的联合，以图霸大陆；一方又单独与安戈拉结约，以排斥英国在东方的势力。这两年来，所谓英法协约的实质早已破坏无余，所存在的，是两帝国主义逼目相视张牙舞爪要战的形势了。这次英国利益受打击，正是使法国帝国主义通身舒爽的事情，有人以为，法不助英是因与安戈拉有约的缘故，这也不然。谁都晓得，基玛尔能有如此成功，是一半得力于苏俄帮助的缘故；过激派要工人掌握政权，又要助弱小民族脱离帝国主义的压迫，是狂热的法国政治家要抵死反对的，所以对于安戈拉的胜利也会同样的恨妒；况且弱小民族的抬头，是会对任何帝国主义势力都加以打击的，法国岂能不想法来压抑土耳其吗？他一时不与英国合作，只是他们中间的裂缝太宽深了。

这回胜利将使一切被压民族确认：只有苏俄是助他们得着解放的真正朋友。

欧战后的世界大势,一方面是帝国主义国家猛烈的冲突和渐就颓败,一方面是工人与被压民族的联合;从这回土耳其胜利后英国的情形来看,这两种趋势都更明显了。我们都祝着罢!

原载1922年9月27日《向导》周报第3期

勖江西人民

(1922年9月27日)

湖南人民为了驱逐张敬尧，做过一次大的运动；安徽人民为了拒绝李兆珍，做过一次大的运动；现在蔡成勋要强奸民意指派省长，江西人民也起了大的运动了。中国人民热烈的反抗军阀和他们的雇人，这要算第三次了。

但湖南和安徽的运动，只是赶走了一个武人或军阀的雇人，都便嘿然声息了；而且就是运动本身的地位，也都不过是援助请愿性质的一种附加示威。我们现在急于要问：江西这次的运动是不是也要和那两次具一样的性质和取一样的步骤？

我们要拿安徽现在军阀横暴的情形来作证，我们也要拿湖南现在军阀横暴的情形来作证，江西人民就要立刻明白：只有湖南和安徽运动那样柔弱和潦草，想要来推倒军阀的压迫，是绝对不够的。数年困迫在军阀战乱和宰制下的江西人民，必然十分了解：中国人民除了打倒军阀与官僚，别没解救的出路；但也要明白：打倒军阀与官僚要人民自己武装起来才得到，绝不是利用一派军阀官僚打倒另一派军阀官僚可以达到目的。故现在江西人民的需要，是在将运动的质量立刻扩大起来，运动的群众立刻武装起来；不要利用一派打一派，也不要再分心力向北京做没用的请愿，"把一切军阀官僚当一个整个"，对准着他们一起开火起来！

江西人民要努力，不要错过了这个做中国打倒军阀官僚的先驱者的机会呵！

原载1922年9月27日《向导》周报第3期

介绍一篇国民革命的纲领[①]

（1922年10月4日）

为了群众利益而革命——
非为了革命来找群众

我们现在要介绍的，是印度国民革命的纲领。印度运动的大略近况已在本报第二期讲过。我们知道，印度运动已到了一个不是空泛的计划可领导的时期，同时国民会议的中心人物成了明显的反对革命，革命的群众渐渐离开了他们；现下需要的是革命领袖的发展和一个革命的纲领的采取了。

革命的纲领吗？——国民会议新发生的左翼曾提议过一个。但他们提议的并没比甘地纲领——建设的纲领——多了革命性质，不过是措辞稍较激烈罢了；因为他们也没有按照群众实际的需要，感发不起群众亲切的了解和不可阻挡的力量。印度运动当然也不是这样一些不接触群众的人物和计划可领导的。

现下惟一有希望可领导印度革命的是新分子的发展。这些新分子中的社会主义者，已提议了"全印度中央革命委员会"的纲领，虽然他还不过是个草案，但他是亲切于群众实际利益的；他一定会为革命的群众所采取，且一致环绕着他前进，推翻了不列颠帝国主义的统治，成功一个印度劳苦民众的共和国。我们要介绍的就是这个纲领了。

绪言：印度底自由

达到印度人民自由的第一步,就是推翻外国的统治。但是印度人民底真正自由绝非只是建设一个独立的政府所能得到的。政治独立之所以先要获得,因为群众底经济和社会的解放的事业可以进行无碍。就是印度底政治解放亦不能达到,除非是全部或至少多数人民在这奋斗中很勇往地从事活动。为了要使群众有对于这样自由的奋斗有亲切的了解,全印度中央革命委员会采取下列各项,作为彼纲领底重要原则,其目的在统一一切印度人民宗教信仰各别的社会,在推翻外国势力后,造成一种"一个社会不能剥削他个社会"的情况。

第一节　政治方面

(1)民族独立:"民族自由"这种抽象的名词,对于印度人民群众不能有什么意义。"祖国神圣"等这些感情的宣传已缺乏鼓励起无智识及被压迫的群众底爱国精神的力量。在过去的五十年中,民族运动只限于受教育的资产阶级的极狭范围中。但是到了近来,向来从不做声的群众也成为倔强不驯了,已表现勇猛的和发展不已的活动了。这种觉悟的原因就是那不堪忍受的经济状况。

(一)全印中央革命委员会承认日进不已的群众活动在自由解放运动中之真实力量,提议依照经济的和社会的自由底原则,先组织城市的无产阶级,次及于贫农的群众。既有适当的组霉,再给以有力的政治指导,这种集中的群众势力是要推翻了外国帝国主义的统治。

(二)虽然明了最强有力的军器是群众运动,全印度中央革命委员会也不忽视他种可为政治独立尽力的分子底存在。所以,彼从事于联合各种同意推翻外国帝国主义宰制的革命分子。但是温和派，或国民宪政派，不是想普遍的剥削群众，就是想代有现在英国统治者底地位。照他们那样笃信现在政府制度，倘若一旦政权落在他们手里，他们决不能改善群众底经济状况。

（2）政府基础建于劳农议会之上：因为要防止独立印度底政权落在为自利和图侥幸的领袖底掌握之中，全印度中央革命委员会在大多数人民——就是无智识和不识字的劳动群众——底意志完全发表之前，将行使革命专政。全印度中央革命委员会将筑基于革命的军队和组入议会与工会的劳农底撑持之上。

（一）印度联邦共和国将照群众底意志和现存的实际状况而组成。政治的民治主义在欧美已证明是一种失败；在这种制度之下，普通选举，代议政府，人民意志等等，多不过造诳而已。在事实上属于劳动阶级之人民——全体底百分之九十——是被管束在全国经济生命的少数人们所剥削之下。群众底真正解放的达到，只有是成功一种将政权握在社会生产分子——即劳动者——手中的新制度。

（二）一切国内的统治首长要连同英国的统治一并推翻，并且一切朝代统治须永远废除。

第二节　经济方面

（3）土地给与劳动者：

（一）属于 Zamindars, Talukdars, Sardors Jagirdars 和其他贵族或诸侯的财产和领有田地，收归国有，分配给耕种田地的人们。这种分配由乡村议会执行而受革命政府底监督。

（二）因为要给农民知道公有地底利益。公有农事机器须给小农应用。这些机器由国家供给而为公有财产。

（4）收用财富

（一）一切私有财产为公共利益使用者充公。

(二)铁路、电报、水利、矿山等公众利益均归国有——由劳工议会管理,无利经营。

(三)各种大的产业设立劳工管理。工会须管理生产、分配,主要社会底必需品底交换,并须对于这些负责。

(四)废止一切间接的税,而实行高度的累进率所得税。

第三节 社会方面

(5)改善劳动生活状况:

(一)国家社会给养所;养老费;疾病保险;儿童利益金;产母保护;失业补助费。

(二)实行一日八小时,一星期六日的工作;以增高劳动阶级生活程度为目的,制定最小限度的工资。

(三)妇女底地位:社会上和经济上完全解放,并有相等的政治权利。

(四)废除一切社会特权。

第四节 教育、文化及宗教

(6)教育:

(一)自中等学校以下施行免费和强迫教育;一切阶级的教育机关须废除。

(二)完全文化独立。

(三)宗教和信仰自由;宗教须与国民政治生活明白分开。

第五节 武装和国际的关系

(7)武装群众:

（一）在外力推翻后，群众仍须保持武装，以保卫革命和镇压反革命。无常备军。如保卫革命需要时，可设立海军。

（二）承认各民族有完全政治上的独立权。不与任何帝国主义列强缔结秘密或公开的条约。与各革命的无产阶级共和国家——例如俄罗斯——成立经济上的合作。

我们介绍这个纲领有两点意思。

第一，要将革命的意义更显亮地摆在我们面前。革命的造因全在于客观的环境；有了一个阶级受压迫或是几个阶级并受压迫的事实，这种环境就决定要发生革命了；反之，若没有阶级压迫的事实，便不会有发生革命的事实。革命是压迫环境的必然结果，是阶级对阶级的群众行动。没有客观的革命造因，想以主观的方式来造成革命，是不可能；但既有客观的革命造因存在，想以方法来消灭革命的动力，也是不可能。不论他实现的进程是怎样，一种压迫多数的环境就是形成革命的本身，且决定革命是定要实现了。在另一方面，革命是需要有革命的组织；他是需要有领导群众实际势力的先锋军。但这种领导，不是主观的号召和空泛的计划可做到的；是要接触了群众革命的动因，亲切地站在他们利益奋斗的前面。空泛而不革命的甘地自然要落伍了；左翼不接触群众革命动因的号召也召集不动群众势力；现在印度革命需要一个亲切于群众利益先锋来领导了。——从这一点我们可看出一个革命的立脚是在什么上头了。

第二，供需要做国民革命的中国参取。在国际帝国主义和军阀交相压迫下的中国，是决定他急于要做国民革命，压迫的程度且也决定他有广大的客观的革命群众了，他也有——虽然很弱小——奋斗历史的先锋军了。目下因为先锋军和这广大的群众还是隔离，所以还没有唤起他们不可扼抑的援应，就是因为先锋还没有旗帜鲜明为了群众利益而奋斗，引不起他们亲切的了解和感发的缘故。在这种情形下，国民党宣告改组，重新估定他的纲领，我们不能不赞许这是很合实际需要的一件事情。新党纲的采取自然要由群众的利益来决定。群众的利益是什么,这又要由他不堪忍受的生活情形来决定了。拿中国来和印度比,除了印度封建势力已被资本主义破坏得远不及中国的有势,和中国农人还没形成像印度农人那样壮大的革命势力之外,我们可说他俩实际情形很有相似的地方。印度和中国都是要和帝国主义战的。印度劳苦群众在国民革命中所要求的,当然大部也是中国劳苦群众所要求的,所以我们感着中国国民革命的纲领有参取印度国民革命纲领的必要。

惟有亲切于群众利益的革命党,才不会在革命的群众前落伍!

革命是要为了群众利益的呵!

原载 1922 年 10 月 4 日《向导》周报第 4 期

【注释】

① 本文系与春默合撰。

答《读独秀君〈造国论〉底疑问》

(1922年10月4日)

中国现在底政象,确是腐败极了。什么国会底召集、开会,什么制定宪法,什么借债整理财政,这都是表面上的时髦调子,究实没有从根本上着想,须知现在底政象,无一不是破坏中国的元气,试观一班政客在北京方面怎样捣乱?国会召集起来,更使他们活动得多……或者最多不过多造几幕把戏给我们看看罢了。所以独秀君说:中国还没有造成。确是不错,我以为中国非独没有造成,就说已创造一半;我也不能同意,我说中国现在正当破坏最盛时代,中国不是已经起手造国,中国已朽腐了,国固不成国,说邦也不对;所以邦也不成,省也不成,现在只成为散乱底分子,想行联邦制去救中国的命运,药不对症!中国病症底治法,非彻底清泻消毒不可!若在表面上修饰一下,都不免旧底子复现。

独秀君说"用真正国民军去创造真正民国"是对的。我想要把中国去消毒,除了"革命"实在没有别的法子。革命啊!大家起来革命啊!革命才是中国一线生机!

但是"国民军"如何造就呢? 独秀君没有说出,我想组织真正有力"国民军"断断不能一时之间,登高一呼,便能集合,须要先使一般人明了这"革命"底意思,和怎样去做;这才是有真正"革命"永久的精神底"国民军";这才有用,才有成功底希望。

独秀君又说:"无产阶级革命底时期尚未成熟,只有两阶级联合的国民革命的时期已经成熟了。"这里我有点疑问就是:"如何而可使两阶级联合?"现在一般有产阶级完全觉悟的有几个?他们对于无产者底心理,能出之这个"平"字吗?纵使不计其他,就联合起来"革命";到"革命"以后,终不免有产者专政,这样底"革命"是不彻底的,不彻底的"革命",仍是"革命"罢了。

独秀君又说:"到了国民革命能够解除国外的侵略和国内的扰乱以后,无产阶级所尽的力量所造成的地位,未必不大过资产阶级,以现在无产阶级的革命倾向大过资产阶级便可以推知,那时资产阶级决难坚持独厚于自己阶级的经济制度。"我想这正是资产阶级底大忌!正是两阶级联合底绝大障碍;我们且推论现在两阶级所抱"革命"的宗旨,我们敢说他是一致向同一目的看去吧?我想仍是背道而驰的。这样怎能使他们两方融洽而联合起来呢?

况且独秀君说:"这个时期的成熟,是可以拿十余年来的政治史,及眼前要求打倒军阀建设民主政治的呼声可以证明的。"我说这是不足证明的:现在的打倒军阀底呼声,并不是两阶级联合底呼声,是各呼各的,声是同的,心理是不同的;自己呼打倒军阀,及(疑"反"之误)去捧军阀下的脚;这倒不明他们是忘却抑或什么,自己口呼去建设民主政治,反跑到北京去捣鬼;这可是有没有呢?

若拿十余年来的政治史来证明两阶级底联合,更不能成立,这十余年来两阶级之冲突,一天厉害过一天,你说他是联合,我说这是分裂底证明,从前专制时代的无产者,屈服于有产者之下,那时尚可说他们两方有联合的可能——这是因无力抵抗而联合——现在是不对了。

改造成民国十余年来的种种"革命"这都是有产者底利用手段,实行到无产者去,并不是无产者已觉悟愿与有产阶级联合,况且无产阶级一觉悟,只有和资产阶级宣战,断没有愿与之联合的道理。

所以我说:两阶级联合的"国民革命"并未成熟——因无足

以证明——只有无产阶级底"革命"精神已露端倪；现在努力谋"纯粹的无产阶级底革命"易，谋两阶级联合的"革命"难，质之独秀君以为怎么样？

一九二二年十月一日于上海通惠

独秀昨往安徽去了，思顺君对他《造国论》的质疑，暂先由我代作一短答；他如有要和思顺君详细讨论的地方，待他返沪后再说。

思顺君疑问最扼要的，是"如何而可使两阶级联合"来革命。解答这一点，自然先要分析目前中国实际政治和经济情况、两阶级现在各自的地位，还要看两阶级的"联合"究站在一种什么基础上面和到一种什么程度。

讲到中国现在的实际情形，独秀文中和我们都早论过了；他是国际帝国主义公共的殖民地，他的经济生命被他们宰制了，同时支配政治的又是这些海盗们和他们扶植成的封建势力。幼弱的资产阶级他是随资本主义侵入而诞生，但他都被扼抑在外国资本主义的阻害之下，尚未能为迅速的发展，到了现在还没爬到掌政权的地位；同时无产阶级因经济情形落后的缘故，亦尚未能壮大。在这种情形之下，两阶级同被压迫是一件事实；决定目前的革命是两阶级都要来做，就是这种事实。他们都要起来推翻国际帝国主义和封建军阀的压迫，这是思顺君和我们都一样不否认的事实。

我们很承认两阶级目前是呼声同而心理不同的，且要说两阶级是利益对立的，这不同的敌视且是会一天一天跟着近代化的程度增大起来。单拿经济的地位来说，他俩是没有协作的可能，且没有这样个需要。但目前确有一个问题摆在中国无产阶级面前，就是他自己还没发展到独立的政治奋斗的地位，而目前的压迫又非统一全国的革命力量，号召起全国被压迫人民一致不可抗侮的势力，不能迅速成功。吸收一切革命的势力都参加这个奋斗，这是一件最大需要。思顺君认为目前已是只有无产阶级就可革命的决论，我们日夜祝着事实早成这样,但不得不说这确是离了实际需要的说法。

我觉得读者要对我们提出的质问,应当是他们究联合在一种什么基础上面和联合到一种什么程度来革命;但思顺君未提到。我现要就这一层申说一下。无产阶级较资产阶级为强壮,这不只是现在的现象,任何时候都是这样,因为无产阶级哪一时总是较多数,只要他们团结起来。所以在国民革命当中无产阶级是要占个主要的地位,资产阶级是被召集而参加;就是说这个革命是要让群众革命的动因来支配,无产阶级要从事这个革命,他很明白的是为了自己阶级利益,他并不为了任何别阶级利益;他与资产阶级的关系,不过只是个推翻共同仇人的政治连锁。他虽至少要求这个革命给他一定的政治和经济利益,但他决不认为这个革命就是解放他们的革命。如这国民革命成功,他们所得的实际完全革命经验和组织力量充实,是会使完全解放他们的革命马上接着成功的。在外国帝国主义和最反动的封建势力交迫之下,实际的政治和经济情形是决定工人的革命是要经过如此进程的。"从事实到理论",我们要使工人革命是活的,是进展不已的,国民革命确在目前是最有意义的呀!

《造国论》所谓"联合"的含义,我们更要认他明白。他不是指大家滚和在一起来革命。是有一定方式的,上段稍说到了。若以为讲"联合"就是要讲"工商友谊"和"劳资互助",将工人和雇主混合组织黄色的行会,这不只是独秀和本报所反对,明白的工人和站在工人利益一边的都应当反对。无论何时,无产阶级要独立的组织起来,在国民革命当中更是要这样;且无论何时,不能因连锁而放松了他对资产阶级的阶级利益斗争。

独秀所说"只创造了一半",是指国民革命政治创造成功之后,不是指现在;请思顺君再细读他原论一过,你文中还有些欠斟酌的地方,请覆按一下当自发见,无须我在这里指出了。

"革命后终不免有产者专政",这是思顺君考虑到最有意义的一点,但也要由无产阶级在这革命中所造的地位来决定罢!临了,我要代表本报表示欢迎思顺君疑问的意思,因为他的立意是站在中国无产阶级利益一边。

原载1922年10月4日《向导》周报第4期

王博士[①]台上生活
应给"好人努力"的教训

（1922年10月11日）

王宠惠博士由代署的阁揆进而为署理的阁揆，现在已有两旬了。王博士是有好历史的学者，登揆席之前曾与好几位时贤有"我们的政治主张"的发表。及至掌政之后，却仍是一承旧令尹之政，亦是急急忙忙整天累旬为军阀搜款张皇；不特把从前主张的丢之脑后，且一样将急迫需要的教育经费僵在一旁，江苏人民极端反对的公债他却予以照准，批评的人们，便都说学者做官也一样做了军阀的账房，且有讥他为失品格的。就是他同伙发表主张的努力报记者，也有嫌他不发表计划，竟因质问"为何不实行我们的政治主张"，弄到面赤耳红。王博士内阁的不满人意，是里里外外都攻击他了。

我们也要责难王博士。但我们要责难王博士的，不是同这些就件论件的攻击，也不是要叫嚷："为何不实行我们的政治主张？"我们要责难他的是他"努力"[②]的不是通道。现在做中国政治有力因子的是军阀和外国帝国主义，北京政府尤其是显然为他们操纵；在这种情势之下，就是较王博士强干而有棱角的来做"好人努力"，也逃不脱为高压在当头的势力利用，何况庸弱的王博士，而他的上台已就是出于这些势力的捉弄呢！在一种自己做不得政治主动的情形之下，想以"好人努力"的方法将政治整理向宰制势力利益的反面，这不是呆小子的梦想，便是骗子手的谎诺。"有一种明确的计划"，也不见得会拿来应用，除非倒是这计划是按照了恶势力的愿望；何况四围情形连一种计划都不许他有呢？王阁"顺溜溜地过了中秋"了，但他到节后已不复为军阀和外国帝国主义做利益的工具了吗？我们只听得因筹"饷"不甚得力,保定军阀要撤换他了！这种情形还不够证明"好人努力"的破产吗？"穷则变",王宠惠诸先生请另找一条努力的通路罢！

  但我们责难和劝告他们,能有什么用处呢！国人呵,中国现在需要的是打倒军阀和外国的压迫;小资产阶级妥协迁就的心理的努力是已证明在我们眼前失败,且为我们仇人利益利用了呀！

原载 1922 年 10 月 11 日《向导》周报第 5 期

【注释】

  ① 王博士,指王宠惠(1881—1958),字亮畴。法学家、外交家。原籍广东东莞县,其祖父迁居香港。留学日本、美国,获耶鲁大学法学博士学位。辛亥革命成功,被选为广东代表,出席在南京举行的各省代表会议,并被推为副议长。这次会议选举孙中山为中华民国临时大总统,1912 年 1 月 3 日经孙中山提名,王被任命为南京临时政府外交总长。以后在北洋政府担任过司法总长、大理院院长等职。1922 年 5 月 13 日,在胡适起草的《我们的政治主张》上签名,随即发表,该文主张建立好人政府。未几,直系军阀首领曹锟、吴佩孚在第一次直奉战争中获胜,吴佩孚为了争取孙中山的合作,邀王出面组织"超然内阁",置理国务总理。"阁揆",即总理之意。11 月 25 日,"好人内阁"垮台。

  ② "努力",指《努力周报》。该刊创办于 1922 年 5 月 7 日,胡适主编。内容以讨论政治问题为主,宣传改良主义思潮。宣传"好人主义"的《我们的政治主张》即载于该刊第 2 期。第 22 期发表胡适《国际的中国》,《向导》曾给予批评。

以醉心英美为合格
——新卖国党收进党员的标准
（1922年10月11日）

报载王阁揆要组织政党了，他收进党员是以醉心英美的为合格。现在王博士台上的把戏，差不多完全是"又一批曹章陆"①——外交系——在内台牵线；躲在外交系背后的，又是国际帝国主义的贪欲。那么他们所标定的"醉心英美"，绝不是指欢迎英美的科学知识和"文化"，是指甘心追附骥尾来承受英美帝国主义的宰制了。这一派如果再有了大的结合，加上外力的运用，他们一定是会更操纵了政治，将中国如外国帝国主义的愿望炮制，做成功可由他们"国际共管"的一种局势。青年们要当心做了李完用第二们的党徒呀！

原载1922年10月11日《向导》周报第5期

【注释】

① 曹章陆，即曹汝霖、章宗祥、陆宗舆，因对日本妥协，1919年5月4日北京学生爱国运动要求严厉惩办。游行队伍到东城赵家楼，火烧曹汝霖住宅，痛打章宗祥。

日俄会议及中俄会议

(1922年10月11日)

长春会议为日本侵略的贪欲所破坏
国人要急起纠正北京政府媚帝国主义的外交

俄日长春会议已于九月廿五号决裂了。这次会议的开端经过以至决裂的详情,各报多登载过,我们用不着再写来多赘篇幅;我们现在要在本报讲的,是这次会议决裂缘由的实质和他的历史含义了。

这次会议之所以出于决裂,很显明地是为了(一)基本协定对方的区分;(二)库页岛北部占领两个问题。看两方当事的声明,更可详知了。日本帝国主义的代表——松平在二十五日会议上宣言:

基本协定之适用范围,只限于日本与远东共和国之关系,一经签字,立即发生效力,关于其余问题之交涉,概俟诸基本协定成立之后,此日本所确定之方针也。以上办法不但在大连会议双方意见一致,且在长春会议预备交涉时,亦已明白表示其主旨,而北桦太之驻兵,因系庙街事件之保证占领,故一俟庙街事件解决,该地当立即撤兵。此事屡经日本政府声明,且在大连会议中经日本代表之言明,俄国方面亦早经知悉。日本政府自长春会议开会以后,即斟酌俄国方面之希望,以妥协的精神,事事通融办理。如基本协定之适用范围,虽只限于日本与远东共和国间之关系,但承认远东共和国与劳农俄国共为本协定之当事国之一方面,并赞成于基本协定缔结后,即继续与劳农政府开始交涉,订结通商暂行协定,且关于互禁有害之宣传及敌对行为，亦赞成与该政府以文书相约定，处处表示和衷共济之态度。然而俄国方面不谅此旨，尚要求不待庙街案解决，先明示北桦太撤兵日期。凡此种种，皆为完全藐视历来之事态而欲打消依预备交涉所得之了解也，此实出于日本政府意料之外。俄国既维持如斯之态度，则在二十三午之会议俄国提出之他事项此际亦不再议，会议不能继续举行。

会议决裂后，苏俄代表越飞亦有如左之声明：

苏维埃俄国及远东共和国与日本在长春会议之预备交涉，双方声明先订基本协定再行交涉其他；至占领库页岛以保障庙街事件等问题，则并未决定。当时以大连会议之破裂，所谓大连会议基本协定已不存在。大连会议既无协定可言，则更不能谓其与新会议有若何关系。且在长春会议开始之初，苏维埃俄国与远东共和国代表，已坚持将来日俄条约非由日本与远东共和国，乃由日本与苏维埃俄国远东共和国签订之。此等郑重声明，更足表示大连会议之丝毫不发生效力。且俄国代表在长春会议中，曾表示其种种让步，对于将来日俄商务关系已表示利及日本工商人士之让步，即如正在进行之基本问题，俄代表亦曾容纳日代表意见。日本主张协定中分别日本与远东共和国及日本与苏维埃俄国之条约。查苏维埃俄国与远东共和国，曾有详细声明，表示其经济上之密切关系，日本所主张之区分，实无成立之可能。日本所以主张区分者，其原因盖欲将日本与远东共和国之互相关系，扩大而至全俄。此不平允之要求俄代表亦曾有相当让步，相当容纳。再以撤兵问题言之，日本当撤退时，并未与俄国军事当局共同合作，此种措施，只予反对革命党以活动之机会。事实上反革命党仍继续得日本之襄助，以致亡在旦夕之旧党分子因而崛起。然俄国对此亦曲予谅解，并未表示坚持态度。本代表深信上述种种事实，已足表示俄国亟愿与日本订约之诚意矣。质言之，俄国方面对于协定之要求，以远东之和平为主要目的。如必订立独利于一方之条约，是对于远东和平且不能保障，俄代表亦何惜出于拒绝之一途……以庙街事件论，在九月十九日之长春会议日代表曾经提及。顾以远东共和国与苏维埃俄国之土地占世界疆土六分之一以上，本代表以万五千万人民之意思为意思，决不受此种对待野蛮民族之待遇，亦决不容他国占领其土地以为某项事件之保障。此项侵占俄国土之条约俄国实难允认。上项见解，不独一万万人之主张如是，即华盛顿会议之许士君亦曾表示同情，以（一）向持反对俄国态度之许士君已尚如是，则全世界之劳动者必与俄国抱极大之同情，日本国民亦当如是欤。

这两项争执之中，后一项——库页〈岛〉北部占领——日本的蓄谋人人都会看出，明明白白他是有侵占领土的野心；就是让他说不企图永久占领，他也先伏了个以武力为胁迫交涉的存心。他所以不许在长春会议上将这事提到，就是想待一切可做交换的事件先解决了，留此一题以为单独交涉的地步。那时他又可提出若干苛刻的条件，胁迫俄国承认；如对方认受了，自必会更增了他在西伯利亚侵略的势力；如对方不认受，他更可藉口交涉没得着落，继续为事实上的占领。这是更可用来另讹诈一笔巨大权利的好题目，贪婪的日本帝国主义岂肯轻轻把他和别的交涉混在一起解决？他再三说库页岛"驻兵"是庙街案的保证，庙街案未解决以前，驻兵不能撤退；这便是他这种贪心的自白。其实，庙街事件完全出自日本蹂躏东俄的反激，日本实没有以兵力胁迫为要索的理由；若以实际的损失而论，日本用兵俄国领土之内，这五年他和他扶植的白党所加于俄国的损害，又何止他"应"索取的千百倍？且俄国以主权的地位提出责他赔偿，恐较日本理由充足十二分罢！至于基本协定关系范围一层，其间尤藏着日本外交的巧妙。日本虽让步（？）到承认苏俄与远东共和国为当事的一方，但这不过是表面上好看的文章，基本协定实际施用的范围，他是只许以日本与远东共和国两方的关系为限。他为何要坚持这样区分呢？——这是很值得诛求的存心。日本在东部西伯利亚占的是个"特殊"地位，拿这块区域做交涉的单位，所订的条件自然会与日本非常有利。但日本的着眼还不止这一点。他的用意是在先订一个很有利的基本协定，拿他做与苏俄单独交涉时要挟的基础。他很明白，以全俄与他的关系来做交涉的张本，总会不如以东俄与他的关系做张本所得结果为有利；他更明白，先东俄后苏俄分段的交涉，是会使他先把住个要挟的工具。如果他与东俄单独关系的协定成立，他便可进而以这协定为依归来和苏俄交涉，把他有利的地位扩张到全俄；如苏俄不满他的要索，那时他尽可直截了当不与苏俄交涉。他便可一面藉他在东俄的优势和两俄经济的关系，把他的势力注到苏俄；一方又可藉与苏俄没有成约的关系，仍然继续他那敌视行为和有害宣传。要以武力为胁迫交涉的普鲁士帝国主义强盗方式，和奸诈巧取的英国帝国主义商人手段，是一向日本传统的外交策略；这一次且两样兼采并用，这不但说不上什么交涉的诚意，侵略的热欲已完全表露出来了。在这种情形之下，俄国不但无望得什么高值的交换，且有须确认日本侵略为合法的胁迫；以不损主权和不割让做与资本主义国家交涉原则的俄罗斯，当然再不能与日本周旋下去。所以长春会议就只有决裂了。

　　这次会议决裂予双方会发生什么影响呢？在俄国一方面，俄国劳动群众一定因此而更恶恨日本帝国主义；除此，他在这会上固然没得着什么，但也没失了什么，不会发生影响。但在日本，则会有问题。

　　上次英德两系资本主义国家争殖民地的大战，不但将中欧帝国主义打成粉碎，连英法战胜国家也打得鳞伤遍体，根本动摇了资本主义世界的基础；同时俄国过激派革命成功，又建立世界工人革命的中心；世界资本主义的国家，他们知道不将俄国革命打倒，实难恢复资本主义的元气，所以他们便一致起来对俄实行武力干涉，他们一方亲自出兵，一方又利用俄边小国和内地白党，企图将劳农政府推翻；日美攻打于东，英法攻打于西，起先颇很热闹。但打了几久，劳农俄国不但没有打倒，他们利用的力量却被过激派打了个落花流水；见机的英美知道苏俄已不是武力所能征服，白放炮弹很不上算，他们便早早偃旗息鼓而去。还在那里公然帮着白党来攻打的，就只是法日两国了。经过四年的干涉，法国也不能不承认苏俄的强盛，他虽仍助着波兰和罗马尼亚，但他也知道武力打不倒俄国了。同时英国企图恢复他的经济秩序，知非赶快找新市场和大量原料来源不可，所以他的眼光时时望着俄国，想和他开交易的关系。法国知道他的工业不足与英国在俄竞争，很不大愿意解除了对俄的封锁，但他的银行资本和持债票的小资产阶级又非要讨债不可；这种债又除和平解决没别法来讨。俄国又是很需要外边给他和平、面包和机器的。所以资本主义的国家与俄国先后在柔鲁和海牙开对等会议。这些是证明资本主义待苏俄，已到了和平交涉的路上了。世上只剩了日本，还是继续着援助白党，驻兵俄境。这种事实早已成为英美帝国主义宣传使他孤立于世的材料；同时国内平民生活费增加，食米昂贵，又加上每年出兵的巨额负担，人人都感着早早撤兵的必要。这些在在都逼着日本早与苏俄建立和平的关系，苏俄今年较为丰收，且已与英德意有经济关系，机器和面包当然没有前此那样缺少，他所要求于长春的会议当然是和平为重要了；而且他不见得比日本需要的急些。日本在会议中的态度，可谓全不承认这种实际，而徒侥幸以图补偿过去的损失和新开一个侵略基础。但和平却是日本人民很需要的，会议的决裂是会使人民希望撤兵、减少军备负担的热愿变成了愤怨，这种愤怨会促急了资产阶级和军阀的争斗。最近日本劳动群众要求撤兵和承认苏俄的呼声，是对于苏俄同情的表示，也可说是对日本帝国主义的愤怨了。我们更可推出，只要这种呼声加劲起来，日本政府是会被逼着不得不与苏俄建立和平的关系。

这次会议很显然的一点,是两个阶级利益的对立,日本当然是代表日本资产阶级利益的,俄国却不只是代表俄国劳动阶级的利益的。"苏俄是全世界劳动者的祖国","敌人在国内",从最近日本劳动群众的呼声看来,是证明这话了。

北京政府和苏俄代表已约定在北京开中俄会议,会议什么时候开始,还没确定,北京政府难免不再拖延,我国民应催促政府从速开议。这次会议应具个什么性质,应成就些什么关系,我们还更要充分发表我们的意见。

我们要看到中俄地理的关系及目前双方共同的需要,我们更要看到俄国与中华民族国际地位及相互发展关系的重要。我们要使这次会议的性质和范围依照了这些需要和关系。

中俄接壤万里,地理已限定这两民族要建立一种和平友好的关系,自俄国消灭帝国主义及对华放弃一切特权之后,两方更需要有亲切的友谊关系;最近日本要利用张作霖和狄第里设大缓冲国阴谋的暴露,更是将中俄明显的排在共同利害的一边。要打破东北反动的局势和防止这些白匪阴谋的实现,不是俄国单独所能做到,更不是中国单独所能做到,惟有是中俄联合的力量。

土耳其国民军胜利给我们证明:世上惟有苏俄是被压迫民族的好朋友;中国要脱离国际帝国主义的压迫,只有是和他建立亲密的关系。就是按我们国内的需要说,我们除了需要和平之外,最需要的是发展生产力了。要国内和平,是要先打倒阻碍和平的军阀和国际帝国主义。要发展生产力,便不是要去欢迎新银行团的金钱资本,是需要借助于外国的机械和工业技术;但以这些来希望帝国主义的英美,只是自己祝告中国奴隶的地位更深一层;现在世上能在这点上助中国而又站在平等地位的,又只有俄德两国。说到这点,我们更觉得中俄亲切关系有立刻成立的必要。

中俄会议是要建基在这些需要上面。

据最近的消息,外交当局只要将这个会议做些悬案的交涉,连通商问题都认为次要,且决定先决的一个问题是在蒙古红军的撤退。这可谓完全没按照了中华民族最大的需要,且站在外国帝国主义和白匪(张作霖和狄第里)利益的一边。并没准备的要红军撤退,企图胁迫蒙古的独立。这显然是要助日本和白匪大缓冲国的成功,这不但要牺牲蒙古人民最好的利益和愿望,且会造成中国更危殆的局面(关于此点在本报第三期已有论列,记者拟于下期更为一文申说)。这不是中华民族的要求,是外国帝国主义和白匪的要求!我们认为:中国政府对于中俄外交关系适当的步趋,应当是:

(一)第一步承认苏维埃俄罗斯社会主义联邦共和国,承认蒙古独立;

再于中俄会议中成立左列的关系:

(二)缔结中俄军事同盟,共同防止日本、张作霖和狄第里企图割据满蒙及东部西伯利亚的阴谋;

(三)邀请德国参加,缔结中俄德三国经济同盟,谋中国生产力的发展;

(四)邀请蒙古参加,确定三方的一切关系。

中俄会议将这些关系成立了,至于红军撤退、中东路关系、松花江及黑龙江航权及通商关系等等问题自然是容易解决了。

但国人要认清,这样亲切于中华民族利益的关系绝不是可希望外交系当权的北京政府来成就的,他们"努力"的只是外国帝国主义和军阀的需要。但中俄会议是要由外交系当权来经手了(?)。为了急迫的需要,国民要马上成功一种团结,这团结可叫为"中俄同情大同盟"(我提议由孙中山、蔡元培和陈独秀三先生出头发起),凡是表同情于苏俄的,凡是承认中国脱离帝国主义压迫须与苏俄建立亲密关系的,凡是要为了中华民族的独立和自由奋斗的,都要加入这个同盟。我们要用这个团结的力量来压迫外交系,纠正他们媚国际帝国主义的外交，使他们向中华民族的这个需要上走。

国人呵！为了我们亲切的关系来努力罢！

原载1922年10月11日《向导》周报第5期

福建现下的局势①与国民党

（1922年10月11日）

徐树铮与许崇智联合王永泉起兵驱逐李厚基，已在延平设所谓"建国军政制置府"了；今日（八日）京电又说，参陆处已循洛阳军阀的意思，决定要杜锡珪派兵舰前往福建对付。有些朋友都以为这种形势即是要将目下孙吴联合的进行打断，反会促成了孙张段三方的联合，使孙中山对段张两方的关系都深进一层。如果事实是合着这样推察，那我们就不得不恳切地说这是国民党很失算的一件事情。张作霖早已明显地成了日本帝国主义侵略中国的爪牙，近来且暴露日本有利用他和东俄白党设立大缓冲国（实是日本的外藩）的阴谋；如果他的势力（王永泉部）在福建占了胜利，他要将福建造成一种什么局面？段祺瑞是安福系首领，他过去勾结日本的行为，国人当然不会忘却；这次徐树铮讨李厚基的电中，又明明指出他是为了忠于段而起兵，大有中国是段家私产的气概；假使这种势力在福建占了胜利，他又将福建造成一种什么局面？我们敢决然地说，王徐动兵的意向绝对与民党的相反，且这种势力的成功是会造成了更反动的情形。为了革命势力得着发展的根据来占领福建，这是民党很必须的；但若因这种愿望的迫切，便不惜与最反动的双重违反中国人民利益的势力联合，实是毫无意义；且岂止毫无意义，恐怕因此招起民众严重的怀疑了！看今天《时事新报》北京来电一则，就可知此事关系民党现下地位的重要。其文云："此间一般观察，某国利我内乱，故暗助孙段奉张。小徐赴闽，某国电讯宣传最早，闽又某国势力所及，显有接济。"如国民党还不在群众前明确表示与军阀断绝搅和，或退一步亦须依据革命原则于他们中有所抉择，则这种宣传很会使人民把有光荣历史的革命党当甘心做日本爪牙的张段一律看待。所以我们觉得目前福建局面是很危害于国民党在民间的地位,他有急速确定和宣示态度的必要。

原载 1922 年 10 月 11 日《向导》周报第 5 期

【注释】

① 1921 年 5 月,孙中山在广州就任非常大总统后,决定北伐。许崇智(1887-1965),是反袁护法的骁将,现在积极支持孙中山。孙中山向北进军,于 12 月任命许等人为各路军的司令。1922 年夏进入福建。10 月,曾在北洋军中任职的著名军人徐树铮(1880-1925)也来到福建,他们利用徐的旧部王永泉旅,赶走隶属直系的福建督军李厚基,成立建国军政制置府,徐任总制,试图以福建为基地,逐渐向全国扩展。文中的孙,指孙传芳;吴,指吴佩孚,均直系军阀。张,指张作霖,奉系军阀首领。段,指段祺瑞,皖系军阀首领。

"新创民治之关外"

（1922年10月18日）

胡适在《努力》第十八期上，誉陈炯明割据的广东和赵恒惕割据的湖南为"已行自治的各省"；而同时他所谓"省自治"却是指"分权于民"和"打破现在割据局面"的。新近在上海出版的《旭报》也有这样怪议论，他替东三省自诩为"新创民治之关外"。满洲王——日本外藩——张作霖宰制下的东三省人民已得了自由和政权吗？你们不要专门替军阀找冒牌的方便，来欺骗我们被压迫的老百姓罢！

原载1922年10月18日《向导》周报第6期

国民党人应当做胡帅的宣传员吗

（1922年10月18日）

据十五日的《民国日报》所载，与汪精卫偕往奉天代表中山先生报聘归来之程潜君，昨与人谈及张作霖的态度，谓张作霖表示：一不争地盘，二不亲日，三不复辟，且力思防制日本经济之侵略。程君在他谈话中且说："东省僻处关外，与内地颇多隔膜，因之有甚多之揣测。……张氏所淡，吾人证诸实地观察所得，则外间所传诚不得不谓为过分揣测也。"

我们要问：与吴佩孚争夺中原不遂，退而霸据东三省，厉兵秣马日夜图谋再来厮杀的张作霖，可说他"不争地盘"吗？明显的做了日本屠残满蒙的刽子手，近且暴露要联合俄国帝政党替日本建立"大缓冲国"的张作霖，可说他"不亲日"吗？卖铁路卖农田与日本合办好多企业的张作霖，可说他"防制日本经济的侵略"吗？"不复辟"！——要自己做皇帝的张作霖或者不这样做；但他要给中国人民造成的情形，不是较复辟更反动更残刻吗？

我们要恳切的忠告民党朋友，国民党是三民主义的革命党，他时时刻刻应当维护的是民众的利益，不是违害民众的封建军阀利益；他除了向民众宣传革命之外没有别的宣传，更不应当替极端敌对民众的军阀来宣传。像程君那样公表的谈话，我们诚不得不谓为有失民党的地位；这样的宣传，我觉得是会使不明白的民众松懈了他们愤恨军阀的势力，同时更会使归依在三民主义旗下的革命群众失望。国民党的朋友们呵，认清了民党要维护的和宣传的应是什么罢；将孙先生三民主义革命的旗子高高竖起，向民众的当中来罢！

原载1922年10月18日《向导》周报第6期

高尚德君致本校要求废除
讲义费代表李去非君函

(1922年10月21日)

这回几乎使学校生命断绝的风潮,或者可以从这封信中看出局外人对于我们的一点意见来,虽然高君现在还在休学期中。——高君从上海寄来这封信□我转交,我因要求李君把信在《日刊》发表。

廷谦附注

去非学兄:

我自在头发胡同和你谈晤之后,不久就离了北京,到现在近一年了;这一年中想你们都好。

近来的消息,很令我不满意;报载说大学同学有向校中吵闹的举动,且传系出于杨度的煽惑。说这次风潮系出之帝制派首领的煽惑,我敢保证这是谣言,洁白的大学同学绝不至糊涂到这样天地。我所不满意的,是当这外侮日深和民生日逼惨苦的关头,轰轰烈烈领导过五四运动的北大同学,不继续猛进抨击使我们痛苦的主要原因,只拘在那些睫毛前小的对象上较量;把可集中号召大群众的意识,散来成沙般无从胶合的努力,避开了军阀和外国帝国主义交相毁灭中国的那些进逼人的对象,把头钻进较斤计两小资产阶级的热争里边。——这实是大学同学应当为之痛哭的趋向!同学向校中的要求,我认为有相等的应当;但我十分不了解为何要将对方搁在很表面的一边,又为何要将争求弄到那样地步?同学应当细细地想,学校为何要征收讲义费,还不是为了经费支绌?学校又为何经费支绌,还不是因为应给教育的费用被军阀抢去了吗?老实说一句话,现在学校和学生在钱的关系上是站在利害很一致的一边；学校钱不充实，怎能够避免使学生不负担多的费用？同学将应当追究使他们不得"安学"的主因——"打倒军阀"的呼声，却变换成对主持学校诸人的吵闹，我真不懂是什么意思了！

闻这次兄被推为代表，对于同学想具信仰，尚请竭诚劝告他们，要他们转换方向，做点像民权运动一类打倒恶势力的工夫，丢开这样没意识的不能得着结果的叫嚷罢！

祝你进步和努力！

尚 德
十月二十一日，上海

原载 1922 年 10 月 21 日《北京大学日刊》①

【注释】

①《北京大学日刊》，创办于 1917 年 11 月 16 日。主要登载北京大学校长布告、各科通告、各学科课目、设施、规章制度等，同时也发表一些国内外学者的演讲、著述及学术界的重要消息。

《日本与山东协定》按语

（1922年10月25日）

外交系政府与日本"接收山东"的交涉，又换去了许多新的实在权利，山东人民因而起来攻击王正廷，怨他不根据了华府会议关于山东问题的协定，替中国争回权利。其实，所谓"山东协定"，其本身就无所谓权利可给中国根据的；朋友李骏译（自柏林 I. P. Korrespondenz）的"日本与山东协定"，很可释明这点。这是外国人代我们抨击帝国主义的议论；我们受压迫的人民当更可晓然"华府会议是中国的胜利"是外交系欺骗我们的话，而明白外交系在华府成此协定，已就是与帝国主义勾结，安下今日卖国的张本了。

附：日本与山东协定

李骏（译）

山东问题，虽说曾经激起过广大的社会运动以求日本立刻放弃在山东的利权，现在却因英美所谓"善意的援助"偏利于日本方面而在华府会议告解决了。

日本帝国主义当局已经将此协定批准，表面上这协约是日本放弃利权，实际上却正如日本海盗格言所谓："尽全力以盗取，取去一切可盗的物件。"日本经英美二国多次抗议之后，就慎重考虑而交还胶济铁路。这种"牺牲"足以迷惑中国人民底注意力，而使日本得以乘机加入有利于他的条件，使协定全文等于废纸。

在申明交还山东铁路之后，日本却要求由彼委派车务总管。这就是日本预备握有全权来管理山东全省的运输事务；由是在商品名义之下，可以畅运鸦片贻害中国国民，畅运军火供给中国督军的内乱。一句话包括，日本想得著全权管理铁路与山东全省而已。日本正预备将施行于南满铁路的有效政策，同样施行于胶济铁路，因为南满刚创办之始，也就是所谓中日"合办"，以后就完全移入日本范围了。

所以，日本于订定山东协定的第一节，就申明要交还抢夺去的胶济铁道，须由中国政府先交一千二百万元及赔偿该路在日本管理期内所支付的修补费总数。

又在协定的第二条，日本愿意退还一切公共财产，即是，山东省建筑物不论是德人所原有的或日本人所添筑的一概交还。可是凡日本人花钱造成的建筑物，须得由中国赔偿一切建筑费。本年二月初，日本式强盗便开始在山东横行，其时就是山东协定签字之时；此协定中订定"在二月廿五日以后日本人在山东购买土地权作为无效"，这就暗藏着日本人在二月廿五日以前，即使用类似强盗横行的手段所收买的一切公共产业及土地还是有效。这真是日本军阀格言所说，"我的物件固然是我的，你的物件也一样是我的"了。

如此强横狡诈，眼前自然有好结果；而贪得无厌的日本人更督促彼国人民购买所谓公共土地，坚植根基，以便慢慢地宰制山东经济生命。

在本协定第九条（全协定中最特别的一条），日本也占尽便宜。中国须归还日本盐场公司所投的一切资本。其实所谓盐场公司乃系日本人虚构的话，其地除空场外一无所有。这种盐场公司总数占山东全省盐场公司百分之三十。日本人所以有这种欺骗行为的缘故，因为知道中国绝对没有这多财力以赔偿一切，于是交还山东一切公共财产的时间又可延长了。

本协定第三条，规定中国巡警能于某时执行保护铁道职务,日本军队即可在该时撤退。法国报纸于是清辩滔滔地赞美日本牧野代表大度不已。于是法兰西帝国主义的远东同志们也于五月三日从波多牧野代表发电使全世界忻悦,说是"归还山东铁道置于中国管理权之下,已于四月三十日告竣了"。

按照山东协定中国政府应该负保护此铁道的责任,可是同时须得将青岛管理权交给日本人,这就是用灵利和巧妙的方法而收占领之实利的日本牧野代表所称心满意的了。自从青岛被日本占领以后,种种类类的浪人、凶犯、强盗都以此地为藏身薮。如尽力施行日本军阀欲望的安福党人并马良、张树元等,尽在日本人保护之下,而伏于青岛。由是青岛变为种种奸谋、叛乱、教唆各犯的中心点了(日本在青岛的占领方法与在俄国远东各省所用的若合符节呢)。在这种境况之下,中国要实现保护铁道的义务而能胜任愉快,怕很难罢!只要回忆日本军阀在俄国沿海诸省的施为就可以证明了。

本协定第七条说在中国政府监督之下,"中日共同"开发山东矿产,资本中日各半。这种形式的中日全资,不消说就是断送全山东矿产的张本。中国资本自然较日本资本为劣,又加上日本人千方百计的合并政策,自然断送是无可疑的了。

日本军阀一方鉴于华盛顿会议中国有广大的社会运动之援助,另一方又鉴于他们自己海盗般的贪欲与在远东其他的海盗(记者:即指英美法等国)的贪欲之间应该有一种调节中和的方法,于是在形式方面表示让步,其实在华府会议里不过改变并吞的方法,以便把持山东利权而已。

华府会议之后中国资产阶级一无所得,恰如在巴黎和会之后一样。他们并没有力量抵抗英美日本帝国主义的压迫。只有中国劳工及其先锋近年来为他们的国家解放而有极明显的努力和奋斗。如果他们的动机在解放中国脱离国际帝国主义的羁轭,那么他们准可以将外国资本家的活动(尤其是日本帝国主义者在中国的种种掠夺行为），一齐打倒。

原载 1922 年 10 月 25 日《向导》周报第七期

北京大学过激化了吗

（1922年10月25日）

日前《新闻报》载法国来电一则，大意谓法国传说北京大学过激化了，众料远东情形将被危害。我们猜想，这大概是指北大招待越飞①和蔡元培先生赞同以"打倒国际帝国主义"为口号的民权运动二件事了。若指蔡先生招待越飞时"愿以中国居于俄国革命的弟子之列"的演说为过激化，那么在席上恳恳以交回蒙古为声请的胡适，不将指为"Chauvinist"化吗？可见法国资产阶级所以大惊小怪，并不在这种两国人民普通的短时间的交际，而在可号召起广大群众的反对帝国主义的运动了。中国要脱离国际帝国主义的压迫而独立，那自然是要使帝国主义生危惧的；所以法国资产阶级，便诬北京大学为过激化，给东交民巷太上政府般的公使团以一个好题目，好藉着来命令外交系，要他们压迫这个运动了。这和英国帝国主义诬孙中山之联德俄政策为过激化，是一样用意。北京大学真是这样的"过激化"了吗？那是我们被压迫的人民要欢迎的呀！

原载1922年10月25日《向导》周报第7期

【注释】

① 越飞(1883–1927)，又名阿道夫·亚伯拉莫维奇，苏联克里米亚人。1922年8月作为苏俄赴华特使来北京，与北洋政府洽谈建交问题，未成。1923年1月下旬与孙中山会谈，发表了《孙中山越飞宣言》。

美国驻兵—英国巡捕—中国警察

(1922年10月25日)

请看军阀与帝国主义向中国苦百姓的联合进攻！

中国工人是世界上受压迫和掠夺的奴隶；近两年他们蓬蓬勃勃的罢工运动，完全是他们对惨苦境遇的反应。但他们迫于生活需要的正当要求，却往往遭了对方假借武力的蛮横压迫；据最近的事实，这样蛮横的压迫，更成了通例。这两天有这些消息：

（一）吴佩孚电王承斌：派兵镇压唐山厂工人；再不从，即解散俱乐部（《民国日报》）。唐山罢工，由开平镇守使调队往镇。美国军队在场……今日外交团主张：如不速决，由列国派兵往"护路"（《申报》）。

（二）上海金银业工人罢工已近二旬，业主方面坚不许工人要求；二十日新衙门对面庆华银楼有强迫工人上工的举动，工人闻讯，遂于晨八时约集二十余人前往援助，该店主见势不佳，遂令印捕将工人拘入汇司捕房。外边工人愤不能平，又集百余人再往诘问，店伙出头阻抑，因之发生冲突。汇司捕房闻讯，立饬全体中西探往拘工人二十余人，送入捕房。

（三）汉口英美烟厂工人，因洋监工虐待女工，提要求四条。该厂巧日通告：如不愿做工，限皓日缴还照牌，领资退工。工人愤甚，皓日全体罢工，并集千余人围工厂；经警察解散（《申报》）。

这些事实代表的意义是：（一）军阀与外国的武力通力合作，谋巩固帝国主义在华的侵略势力；（二）帝国主义保卫租界内"纳税富人"的剥削；（三）中国恶势力替外国掠夺中国的资本守卫。但他们那蛮横压迫的对象,却都是中国的苦百姓!这是联合着向中国苦百姓的进攻呀!中国的苦同胞呀,这样联合的进攻,只有你们一致的团结方能抵抗罢!

原载1922年10月25日《向导》周报第7期

省宪所给议会的"权"那里去了

（1922年10月25日）

"已行自治"的湖南前后传来的消息，不是赵恒惕残杀劳工，剥夺人民自由，便是赵恒惕操纵选举，制造省长。湖南军阀——赵恒惕竟冠冕堂皇地"被选"为省长了。御用的议会连弹劾军阀雇人——矿务局协理胡瑛——一个案子都成立不得，闹成少数与多数的狗打猪哄。"已行自治"的广东省长倒不是军阀直接揽当，但他的产生却完全是由于陈炯明的授意；这个军阀雇用的省长最近替军阀大借外债，以便巩固陈炯明割据的局面和增加英国在南方的侵略势力。这是何等违害人民利益的行动！但"宪法"的省议会竟于分得十二万毫洋后，把借款的案子通过了（见廿二日《申报》）。我们要问承认联省自治为解决中国纠纷的人们，更要问以省自治为打倒军阀惟一工具的学者：省宪中规定给议会的"权"那里去了？又为何那些"依法"产生的议员不运用省宪来打倒军阀，反替军阀的地位和恶行做"投票"的保障呢！我们也"伫候朋教"！

原载1922年10月25日《向导》周报第7期

好一个以"至诚之意而谋中国之利益"的新银行团①

（1922年11月2日）

"三年不借一文给中国政府的新银行团"，现在不再说等到中国统一之后才贷款了，他要拿出三万万元帮助英美扶上台的新卖国党来统一中国了。最近，在美国帝国主义的宣传机构《远东评论周报》上载有 P. S. P（就是 Mr. Paul S, Reinsch——芮恩施）替新银行团吹嘘的一篇文章，他的用意就是在制造便利于新银行团这个侵略进行的一种空气。芮恩施这文自然又是美国帝国主义一向惯用的麻醉中国人心的宣传，他想将新银行团要加给中国的危险掩饰，且说得新银行团煞像是中国的一位挚友，完全是在要迷糊中国人民的注意，使他们不起来反对大借款的进行，新银行团的金钱与外交系的努力便可很顺利地通力合作，于很短的期间内便把中国炮制到英美帝国主义完全管理之下。但帝国主义的贪欲太露形了，他的宣传员也不能尽为之掩饰；我们从芮恩施这篇赞美新银行团的文里就可看出他要加给中国的危险。这文里有一段说：

> 我以为：新银行团果处于中国政府之主脑财政代理人的地位，则中国政府如于新银行团以外为任何借款之事，新银行团自有得知之权。

这是帝国主义的宣传员很可拿来夸新银行团"有消极的阻止某一国单独借款给中国政府大效用"的材料。但这"中国政府之主脑财政代理人"，是怎么解说？要新银行团来做中国之主脑财政代理人,又是怎么解说？帝国主义的宣传员同时却还说："新银行团无管理中国财政之野心。"这是要欺骗那一位不开窍的中国人？他又有一段说：

> 凡专门家（外国人）之自视为中国政府之代表,中国人民之委托人及中国少年之导师者,中国实不妨加以任用,其结果必能增高中国对内对外之威信。

这段说得更明显了。凡外国专门家之自视为"政府之代表""人民之委托人"及"少年之导师"的,中国便要请他来做"政府之代表""人民之委托人"及"少年之导师"并"不妨加以任用"。这就是帝国主义者明目张胆来欺骗中国人民的高腔呀！这就是老实不客气地说要外人来管理中国呀！我们若再看新银行团当局最近的表示,就可觉得新银行团所要加给中国的危险是怎样的严重可怕了。摩根是美国的银王,是新银行团真正的主人,他不久前曾发表一篇宣言,声明新银行团对华所持之宗旨；其大要节略于下：

> （一）新银行团为各友邦所组织,以赞助中国之大政,力谋中国财政之裨益。（二）新银行团无垄断中国事业之欲望；除中国政府或省政府之建设计划外,其他各种借款,概谢绝之。（三）新银行团无企图管理中国财政之野心；各借款之抵押品,以能有确实保障,该抵押品及借款之用途为合宜。（四）新银行团甚愿中国藉新银行团投资之力,建设一切实业及交通事业。（五）新银行团之各委员,对于中国人民之才干及其将来,存有绝大之信仰；然设中国之政局,长此以往,则将来必有国际间之危险。故各国银行团,组织此新银行团,以至诚之意,而谋中国之利益及远东财政经济之巩固。（六）新银行团内之各国银行代表各该国政府投资以告协助,保持中国国民之权力,而力行原来

之计划。(七)新银行团乃数国政府所组织，倘各国政府认为无继续投资之必要而欲改组，则本团接到各政府之正式通告后，当即改组或解散(见十一月十六日《民国日报》)。

说什么"赞助中国之大政，力谋中国财政之裨益……新银行团无垄断中国事业之欲望，……新银行团无管理中国财政之野心，……以至诚之意而谋中国之利益，……保持中国国民之权力。"——这些都是说来好听要欺骗中国人民的言词；他的目的却完全在宰制中国政治和经济的生命。他投资为何要着重在"中国政府或省政府（注意：连省政府也拉上了！）之"建设计划"？又为何要藉新银行团之力"建设一切实业及交通事业"？这不是明明白白地说：新银行团要在中国造出一个可让他们完全利用的政府，由他来炮制中国成国际共管的形势，且把通国的经济生命完全由他们宰制吗？什么"各借款之抵押品，以能有确实保障该抵押品及借款之用途为合宜"，这自然也是要抢夺一些更有出息的富源和监督财政了——但这恐还是新银行团贪欲中之次要的！

久已压迫在国际帝国主义之下的中国人民，要马上认识新银行团所抱的野心，和他现在与外交系在北京所做的勾当，明白目前我们是当了一个很大的危险；也要明白现在惟一能助我们发展生产力的只是中德俄经济联盟呀！我们也要告欢迎新银行团的小资产阶级政派们，你们是以良心为社会伦理标则的，请你们拿良心来审查你们要给中华民族造成的大危险罢。国人，起来！——起来打倒新银行团的经济侵略与外交系的亡国买卖——三万万元大借款，这是全国被国际资本主义掠夺的人民要立刻拼命奋斗，才不致转瞬变成为"处于中国政府之主脑财政代理人地位"的新银行团宰制之下的奴隶呀！

原载 1922 年 11 月 2 日《向导》周报第 8 期

【注释】

① 新银行团,即新四国银行,是美、英、法、日四国金融资本对中国进行政治和经济侵略的组织。1920年10月在纽约正式成立。

国民党报纸不应有这样记载

(1922年11月2日)

十月廿六日的英文《沪报》(The Shanghai Gagette)载有关于唐山矿工大罢工的长电,今译其最后几句如左:

……虽外人的生命和财产尚未至损害,若不采保护外侨的适当措置,恐外人生命将受危险。(同日《民国日报》也载有类是的短电)

我们觉得这样的记载实不该出现在民党报纸之上。映在我们眼前的唐山矿工罢工,只是三万七千苦同胞对英国资本家鞭笞而起的反抗。我们和这些苦同胞一样都在外国鞭笞之下,我们也一样对外国压迫要起反抗;然则当我们接了这个反抗的消息之后,我们应当愤恨英国资本家是怎样掠夺和虐待我们的工人呢,应当怎样祝着和帮助这些苦同胞正当的反抗成功呢?凡有"国民意识"的中国人都应有这样感想,总不至反转来想到什么外国资本家的利益,要"适当措置"来打倒中国工人正当要求!这样的设想,就不啻是说少数外国资本家的利益是第一紧要,三万七千中国工人的生存是不值得想到的,现在直隶系军阀与外兵取适当的措置了,外国掠夺者的利益得了保护了,但我们在那边的工人是怎样被残呀!手无寸铁的群众已被开放排枪死伤一些呀!况国民党是国民革命的政党,每一个国民党人都应当明白:离了劳动者的群众势力,中国国民革命将不可能;中国国民革命的主力军,惟有是团结了的劳动群众。在这点上说,这次唐山矿工罢工实代表着劳动者团结起来操练他们组织力的意义,民党报纸不但不应替反他们利益的一边设想,至少要帮助和鼓舞他们。

原载 1922 年 11 月 2 日《向导》周报第 8 期

女权运动者应当知道的

(1922年11月2日)

女权运动同盟会上海支部于十月廿九日成立了。我在会上聆听了几位争女权的先驱者演说,不禁觉得他们还没了解所从事的运动应具的性质和奋斗的范围,所以归来作左列节略告争女权的女同胞们:

(一)妇女所居的是附属于男子的地位,这附属的地位就是她们所以运动的惟一原因,她们运动的目的就是在解放她们出于这种不独立的地位。但妇女们要明确地了解:她们现在附属地位是封建制度和私产社会的自然结果;惟有是到了打倒私产制度,建立一个共产社会的时候,她们的完全解放才能成功。

(二)现在中国妇女要求参政的呼声,是少数特权阶级妇女与官僚议员争座位的活动,不能够成为一种群众的运动,与"妇女解放"四字丝毫不发生关联。女权运动是较进一步,范围较普遍一些的运动,但她们如果不明白她们所负的历史使命,将现在的活动立基在她们大多数的实际需要上边,则她们现在的努力也不过是一种"新妇女运动",不能够解放她们出于束缚。所以,她们第一要认识"男女平等"的呼声,是会将她们领到一个错误的路上;须知社会是分两大阶级的,她们要"男女平等",是和男子中资本家平等呢,还是和男子中苦力们平等呢?如将男子当作一个整个的壁垒,女子们严起阵来站在对面说平等,这便是资产阶级妇女的呼声。须知进化的程度一天高似一天,经济地位隶属的妇女们绝不会爬上资本家的地位,她们只有一群一群地转换成资本主义的新式奴隶;所以现在以"男女平等"为号召的女权运动者不为了劳动妇女地位的奋斗,妇女解放也不能有望。

（三）现在女权运动的女同胞们，如果运动的目的是在解放妇女附属地位，那么就要了解：把女权运动不要做成太太小姐的运动，要做一切劳苦妇女政治经济和教育利益的奋斗。更要了解女权运动惟有与工人运动并着前进，才能做到真正的解放。

原载1922年11月2日《向导》周报第8期

香港通信：陈炯明①与《向导》周报

（1922年11月23日）

记者②：

广州现在是在军事戒严令统治之下。

本月九号夜间十一时，昌兴街新青年社书店忽有枪柄击门声甚急，店伙意为系大汉光临，将在该店演日来广州市盛行之拿手好戏，披衣仓皇起而应门，迎面入者系武装警察二名；警察入门后搜索一过，将该店代售的《向导》周报逐期各持一份而去。该店恐危害将临，不敢再睡，大家默坐以待；果过了一个钟头的工夫，又有大批警察驰至，一部严守门外，一部入内搜查；翻箱倒柜，弄得全店如被匪瘟；这样闹了足足有一个时辰，似没有找出什么重要东西，乃将所有的《向导》周报捆成一大捆，挟持而去。将去并回顾店友说："现在你们不能有自由。小心，不许谈政治！"十号一早又去了一大队武装警察，系由二区警官率领，将店中所有的社会主义书籍一齐取出，新出版的《社会主义讨论集》亦在内，并将别类的书籍和报章也各搜了一份，吹鼓"联省自治"之《努力周报》，亦遭池鱼之殃，真可为之抱屈。整整翻腾了二个钟头，满载了二大车，呼拥而去。现在新青年书社已被迫停业了。

这原因当然是非常明显。陈炯明，这个军阀这几个月来表示他的本来面目，变成了比张作霖还反动的东西；他打倒在广东的民治运动，下死力地帮助英国海盗侵略南部中国。《向导》周报是领导中国被压迫的人民争到他们的利益的，是要打倒军阀的；他当然要为最反动的军阀——陈炯明所仇视，而且《向导》周报在广州受压迫的日子，正是他的第八期寄到的那天晚上。陈炯明要压迫《向导》周报，这是早在我们意料之中的事情；但被压迫的人民须要认识这不仅是一个报纸受了摧残，这个压迫的意义是代表他们最亲切的利益受了摧残。我们应当号呼被压迫的人民——尤其是广东有革命精神的劳动群众——起来，打倒这个最反动的军阀！

K.J. 一九二二·十一·十一

原载 1922 年 11 月 23 日《向导》周报第 11 期

【注释】

① 陈炯明（1878-1933），广东海丰人。1911 年参加辛亥革命，被推为广东副都督，后任都督。1920 年任广东省省长兼粤军总司令。1922 年 6 月，勾结英帝国主义和直系军阀，背叛孙中山，发动叛乱。

② 高君宇此时为《向导》周报编辑，此文发表时署名 K.J。

香港通信①

（1922年12月12日）

记者：

今天的《南华晨报》（South China Morning Post）在他第一栏有一篇要文发表，题为"中国病的医救"，是他主笔的大作。他要怎样医救中国的病呢？这在文里，他首先举出了军阀争战土匪横行种种的混乱，并说华盛顿会议给中国一个"解放的机会"，只可惜中国人了解不得。可见中国是够不上自己来解救自己。他安了这么个前提，底下接着便说：

最近有位住居汉口的人，他发表一篇很有价值的提议，他发表的姓名是沈强（Shen Chang）。他的提议的大意是：组织一种新的军队，由外国军官统带，受北京政府的管理，用他来打倒各省督军的权力，用他来扑灭各处的土匪，使中国脱离现下的扰乱，达到一个有秩序的境界。

这位主笔先生引了这么个中国人意见（？）之后，又接着说；中国在过去的历史上是得了多少外国的"帮助"，且说在更需要这样帮助；他举十四世纪时 Fohn Hawk-wood 的 Whrte compan 在意大利的事为例，又举 KaidMalean 在 Morocco 的事为例，最后举到戈登在中国太平天国革命时的事为例，又举清政府任 Capt Shyaredosborn 为八船舰队司令，以防海盗的事为例。总之一句话，他的意思是在说明任外人做军官的事"由来久矣"，且是与中国有益的。他又说是不会有把最高权力落到外国人手中的危险的。他又怕分配军官，各帝国主

义国家间免不了争执,又想到了个要妥善公平的分配方法,所以他在最后把"沈强"提议中用"外国军官"的具体方法指明:

> 由国际联盟选举一个有实力的军事团,来领带中国的国军。

他并说:

> 对付中国目前混乱,很明显的只有这样处断是有效的方法。沈强的意见一定要为多数人所关切。

我译这文的大意完了,我要给我们被压迫的人民指出下列各点:

(一)《南华晨报》是不列颠帝国主义在香港的机关报。沈强绝没有这样个中国人,这一定是帝国主义者捏用的,立意在实现他们久已计划之"国际共管中国"。

(二)军阀是帝国主义国家的金钱和军械扶植成的;土匪是外国资本主义侵略逼出的结果,是因外货侵入打落多少手工业者,是因受外货引起的生活费增高使多少贫农离开田地,所以做土匪便成了他们最后的一条路了。

(三)打倒军阀是中国人民自己的事,奸险的帝国主义绝没有帮助我们那回事。当他说"帮助"的时候,我们马上就晓得他是又准备着新的进攻了。而且我们打倒军阀,尤要破坏他们的粮台,就是说尤要着在打翻外国帝国主义已有的及正在进行的种种势力。

被压迫的被掠夺的同胞们呀,帝国主义另一个新的进攻要开始了(可说早已开始了),我们要赶快组织我们革命的军队来应战呀!

K. J. 十二月二日

原载 1922 年 12 月 12 日《向导》周报第 13 期

【注释】

① 此文发表时署名 K.J.。

中国人民要与西方工人一致反抗法帝国主义对德的横暴

(1923年1月31日)

经了大战后这五年整的和零的宰割,德国是差不多成了各强盗国家的殖民地了。最近,最顽固反动的法国帝国主义又加他以从来未有之横暴,派兵强占鲁尔,立意要对德国做大的宰割,攘夺他出煤的一大区域。这是何等令我们愤恨的一件事情!同时,法国这样行动实促我们两种理由,要我们——中国的民众,不单是工人——亲切地站在同情被压迫的德国一边。

第一,法国口口声声说是执行和约规定,其实就是帝国主义国家公平协定他们宰割世界的巴黎和约,亦没有条文许法国照现在那样横暴;这次法国的横暴可昭告我们:帝国主义国家是一以侵略抢夺为事,他与弱小国家间的契约只是责对方奉行义务的口执,同时帝国主义国家的自身却可破坏契约而出规定约束之外。简单一句说,帝国主义国家对于弱小国家,只有侵略抢夺,只是有横暴。第二,法国这次抢夺,是注意在割据一大煤矿区域,这不但是与德国人民经济很有关系的一件事情,就是与东方别的弱小民族也关系非浅;因为法国将鲁尔煤区占据是会资助了法国资产阶级,使他迅速发达为大工业,更有力做侵略的帝国主义国家。所以这不但是德国人民的损害,也是全世界弱小民族的危险。

我们全世界弱小民族是站在利害相同的一边,是站在帝国主义国家对敌的一边,从法国这次对德横暴,这个意义更明显使我们认识了。我们明白了各弱小民族是站在利害相同的一边,便要联合一致来反对各帝国主义国家,在这个联合中更不能离了亲切站在全世界工人和弱小民族利益而奋斗的苏俄的助力。

我们的重要是联合各弱小民族与苏俄，来一致反抗帝国主义的,但这是费努力才成功的一件事情;我们现在对法国的横暴马上就要表示我们愤恨的反抗。对于德国人民这次被压迫,最亲切的是俄国工人,他们全国(海参崴在内)一致示威,要来帮助反抗法国帝国主义的横暴;法国革命的工人更是很勇敢的反对他们本国的帝国主义,因之他们奋斗的领袖——共产党首领开香(Cachin)同志也被捕了;意国工人亦表示援助德国人民;英国工党亦要压迫政府,出头干涉法国。西方工友们已一致表示要援助德国人民,反抗法国的横暴;我们——中国民众——为了上述利害关切的缘故,是要怎样表示我们对帝国主义的愤恨呀？全国工友们及一切民间团体应迅速表示我们是一致与西方工友们反抗法国帝国主义这次对德的横暴！

原载 1922 年 1 月 31 日《向导》周刊第 18 期

一九二二印度国民运动的分析

（1923年2月20日）

　　这篇文章是印度共产党员鲁雅(Roy)给第三国际的报告。鲁雅同志不但是印度革命工人的领袖，且也是真正为印度民族争自由和独立的一位战士；他对于印度的政治情形和国民运动的实际，是十分明确的了解。他常有论说报告印度政治实况，和指示印度民族以得到解放的正路。他这篇文章是作于去年十一月中间，是包括了去年十一月以前印度国民运动中各种重要的变化和实际。所以我们要请读者注意这篇文章的重要，这是使我们明了印度最近政治状况的一篇材料。还有一点我觉得应当连带提到，就是读者尤要从这文看出不合作运动现在在印度所占的地位，他是不是已到了落伍的时候？现在中国有一派人想将蔡孑民①造成空洞的道德偶像——甘地一般的"重要"，这样固然一半是小资产阶级和平清高心理的必然表现，一半也是因为他们不知印度国民运动最近的情形，还迷信甘地圣人的运动是件有力的武器，印度的自由是要靠他争到；若在中国制造出同样的"运动"，也是会救了中国的。在今日军阀和外国帝国主义交相压迫下的中国，我们敢十分肯定地说：这种做梦的努力不但不能成功一种有力的运动，且是会引诱一部分不明白的国人入于空洞的迷途，妨害了解放中国有效势力的发展。我愿国人读了鲁雅同志这篇文章之后，明白"甘地运动"不但不是印度推翻英国压迫的武器，且已在印度群众中落伍了呀！我们要不着也来走他们——事实上已证明——错误的路子，迅速抛弃造成"中国的不合作运动"谬误观念的努力，一致来加入劳苦群众革命的战线！中国智识阶级要了解这是他们现在惟一可走的道路。

原载 1923 年 2 月 20 日《向导》周报第 19 期

【注释】

① 蔡孑民(1868—1940),名元培,字鹤卿,孑民为号。近代民主革命家、教育家。浙江绍兴人。1890 年(光绪十六年)中进士,任翰林院编修。1904 年参与组织光复会。辛亥革命启任南京临时政府教育总长。1917 年任北京大学校长,实行"思想自由,兼容并色"的办学方针,鼓励学术研究,提倡学术民主,支持新文化运动,使北京大学成为新文化运动的中心。蔡元培在中国知识分子中有很高的威信。

全国商界的好榜样

（1923年2月27日）

本月二十四日北京各报多载有上海来电云：

> 上海商界近以惨杀工人之反响，因认罢市之示威运动，为不可或缓之举，当即议定以阳历三月二日（即阴历灯节）一律罢市。

据此电看来，京汉罢工是为了全国人民争自由的奋斗，这个意义已为中国进步的商人所了解，而且决定要加入奋斗的阵线了。这是何等可在中国国民运动史上大书特书的一件事情！我们要恳切的告全国商人：你们也是一样受军阀的压迫的，你们现在责任不是在像什么工商友谊会一样，打糊涂电报，来帮军阀（我们的共敌）惨杀工人；你们应当是一致起来像工人一样的勇敢，为了争到我们公共的自由和打倒我们的公共敌人而奋斗。现在好了，你们先进的上海商界已准备奋斗了！全国商界你们要一致起来加入这个战线呀！

原载1923年2月27日《向导》周报第20期

助军阀残民之总统命令

(1923年2月27日)

黎元洪①于二十二日发长令一道,替惨杀工人的军阀大保其镖,其大概云:

> 迩者京汉铁路工人偶因集会细故,率尔罢工,竟与军警冲突,致有死伤。罢工为刑律所不容,何得遽以罢工为要挟,置身咎戾,所有此次肇事情由,著由内务交通两部会同查明,呈候核办,并著主管部妥拟工会法案,咨送国会议决,克期公布,俾资遵守。

明明是军阀破坏约法,工人为保障共和国民应享的自由而抗争,总统反说成是"细故";明明是军阀任意惨杀工人,反说是工人"竟与军警冲突"。照此命令,不但将军阀一场残杀的罪恶替他轻轻遮掩了过去,且将保障"约法"的工人说成了罪戾,且要制造出新的桎梏,让军阀去做更大的摧残了!然而其如同日又申令尊重约法之谓何?要国民遵守约法,而自己却不尊重约法,且反来包庇违反约法之武人,这不是更明显表示政府只是军阀的政府吗?被压迫的同胞呵!我们若还希望这些军阀的雇人,是不能有什么用处了;我们自由的争得,只有是继续流血,全国人民一致来奋斗呀!

原载1923年2月27日《向导》周报第20期

【注释】

① 黎元洪(1864-1928),字宋卿。湖北黄陂人。曾参加中日甲午战争。辛亥革命后南京临时政府成立,任副总统。1915年袁世凯称帝失败后,继任大总统。1917年被国务总理段祺瑞赶下台。1922年受直系军阀操纵复任总统,1923年被直系军阀逼迫下台。

最近政局的转换与我们

(1923年3月15日)

△ 北京政府将愈趋反动
△ 实际情形是需要我们的运动更加扩大

最近北京政局起的最大的一个波动,要算张内阁①的辞职了。因张内阁的辞职,我们有一部分同学——当然是很少的一部分,觉得我们奔走呼号的运动似将得一部分的着落,就是张内阁辞职如果成了事实,彭狗允彝②当然要连带滚蛋了。因此不免想到我们运动将可告一小的结束。我仔细将日来政局波动的实际分析一过,觉得此种念想是大错而特错。

谁都看出,我们运动现在已不是简单对人的性质,是政治的而且是革命的性质了。我们运动所以变成如此展扩,也是谁也能看出,就是因为过去一切和平及枝节追求之无望,实际反动情形逼得我们不得不走此惟一——革命——的路了。所以我们运动的目的,绝不专是什么人(驱彭挽蔡③)的问题,是有很实际而且迫切的政治要求。我们要求是些什么?这是可从我们两次(二月九日和三月二日)示威的口号和性质来表明的。我们的要求是打倒军阀,争得自由——尤其是工人的自由。最近因元宵节被打,我们宣言猛烈的对军阀,和他们的雇佣人——政府和国会——下总攻击,将我们的要求更映实了。这是很显然可预言的,张内阁下了台我们的要求眼前是达不到。岂这样较费力的目标不因张内阁下台而达到?就是比较近便一点的问题,众院请愿及灯节游行被打。负责者之惩办,二七④被难工人及家属应行抚恤,工会恢复及自由之明令保障,教育之少被摧残,……

这些也必不能因张阁走,得着相当的解决。就是枉屈了我们运动的实质。说他单单是驱彭和争"教育独立"的运动,是不是有人说因彭允彝"代表无耻",卖身军阀?如彭狗真就滚蛋了,继来能不能保障他不是"代表无耻"而卖身军阀的人?在军阀的人,在军阀专横之下,想教育离开摧残而独立,万不会有这么个可能,我们大家自然现在不再作那样梦想了。所以张阁此次如果倒了,彭狗如果滚了,实在说不到我们运动的要求是会得了少许的满足,更说不到我们的运动可告一小的结束!

我们尤要看明,此次逼张阁辞职的是谁呢?是那种努力呢?——我们当然不会错认成这是我们多少日呼号的结果;我们都知道,是出于保洛更反动势力的压迫。最近中山在南方得势,而他又与张作霖又有协作的关系,曹吴⑤同将受夹攻的恐慌而利害又渐近一致;同时曹锟买总统,改选国会及扶歪眼上台的进行,又北京之木偶总统⑥张内阁及猪仔先生都不发财恭喜,于是北有所谓"三角同盟"的成立。在这种情形之下,张绍曾之所谓"和平统一"不过对于保洛抵制以自固的一种政策,其实他何尝有所谓"政见上之不同"。内阁而敢不奉军阀的命令,所以军阀就以催下孙沈⑦督理闽粤的命令,使它先不得不放下竖的漂亮旗帜;其实武魔王之要武力图南,又何重视在有没有傀儡政府的命令!张绍曾那是吴佩孚的对手?所以压迫以来,就得辞职滚蛋了。张内阁之要辞职,既是出于军阀之压迫,就是说他的作恶还不为军阀满足,证明军阀的目的是在要一个比张绍曾还反动,完全帮助他的摧残中国进步势力及人民的内阁。所以我们可预言:张内阁如就滚了,继来的内阁必然是要经了军阀满意的私欲,造成很反动的情形。掉转来说,如果张内阁不走呢,他要成怎样情形呢?这也是很可预言的。张内阁如要不滚,必然就履行一个必要的条件,就是对军阀须较前忠顺。换一句话,就是须较前尤为反动,看津派提出的调停条款,可证明他是须这样了。总之,现在北京内阁的动摇,不论张阁之或去或留,是表明政局将愈趋反动了。反动情形之来,是需要我做打倒军阀运动的人们更加努力呀!

所以,我们认定:张内阁之走,是我们欢迎的,但我们不认他的走会使我们的目的有一部的着落;同时我们又看出,无论张阁之去否,政局是一定要变了更加反动,我们为了达到我们运动的目的,为了对付更反动的情形,我们只有是一个态度,就是迅速地使我们的运动实际扩大;我们绝不能错认了现在政潮的实际,便苟且缓下学潮呀!

原载 1923 年 3 月 15 日《北京学生联合会日刊》⑧第 29 期

【注释】

① 张内阁,指当时以国务总理张绍曾为首的内阁。

② 彭狗允彝,指彭允彝,1923 年 1 月被任为教育总长。

③ 驱彭挽蔡,指教育界迫彭允彝去职和挽留蔡元培辞北京大学校长一职的运动。蔡元培辞职是为了抗议彭允彝被任为教育总长,时在 1923 年 1 月 17 日。

④ "二七",指"二七惨案"。1923 年 2 月 1 日,京汉铁路工人在中国共产党领导下,在郑州举行京汉铁路总工会成立大会,遭到北京军团吴佩孚的武力阻挠,工人代表冲破军警包围,按期开会,宣布总工会成立。吴佩孚指使军警捣毁会场,勒令代表出境。2 月 4 日起,铁路工人举行总罢工,2 月 6 日,武汉各工会和江岸铁路工人一万多人举行游行示威。2 月 7 日,吴佩孚指使部下在江岸、郑州、长辛店等地实行镇压,残杀工人 44 人,伤 300 余人,开除 1000 余人,是为"二七惨案"。

⑤ 曹吴,指曹锟、吴佩孚。曹锟系通过贿赂国会议员而当选为总统,所以说是"买总统"。

⑥ 木偶总统,指黎元洪。

⑦ 孙沈,指孙传芳、沈鸿英。

⑧ 北京学生联合会于 1919 年 5 月 6 月成立,为指导学生运动而创办《北京学生联合会日刊》。

工人们需要一个政党①

（1923年3月24日）

这一回京汉罢工的失败，有两个大原由：

一是军阀武力的摧残。

一是工友的组织还未完善。

手无寸铁而组织幼弱的工人们，加以如虎如狼的兵力压迫，那自然是抵敌不得，所以京汉罢工就失败了。不过，我们确信：假使京汉工友的组织更较完固，势力虽终不足抵敌持枪带刀的军队，也不至受摧残到如是地步。

现在情形是很明白的：我们需要的自由是没争到，屠杀我们的军阀是更横暴了，我们的组织——工会——是被摧残了。这是证明我们更不自由了；我们要为了自由而奋争，应当比过去还勇敢努力。我们要努力恢复我们的工会，恢复和扩张我们的势力，以期打倒摧残我们的军阀，争到我们未获得的自由。

我们绝不灰心！我们从事的是个很长远的战争，这回失败不过是我们开场的暂而且小的挫折罢，我们决然要继续这个战争，最后的胜利一定是我们的！

组织对我们是第一重要了！我们需要再组织成工会，就是努力使被封工会恢复，产生出很完固有力的团体。但我们只有完固有力的工会，还是不够奋斗的；从这回京汉罢工被摧残，使我们看明了。当了京汉和武汉罢工被摧残，工会被封之后，工人中的重心和交通便消失了，行动上骤感了非常的困难；这证明工人要于工会之外另有组织，才够奋斗。工会之外，还要的组织是什么呢？就是政党。我们早和工友们谈过的：我们所从事的是个战争，为了这个战争的胜利，工友们一致的很完固的组织成自己的军队——就是工会，是非常的必要；不过只有兵士群众的组织，必不足应付战争，要和通常军事组织一样，于兵队之上还有参谋部的组织，计划和统率全工人阶级利益的争斗。参谋部就是一个政党。

这个政党是怎样个政党呢？是帝制派或复辟派吗？不是的！——这些是替一人一姓谋皇位的奴才，绝不是工人的政党。是交通系进步系或安福系吗？也不是的！——他们都是官僚们升官发财和捧军阀的结合，不是替工人阶级谋利益的。此外，什么民主派呢，什么无政府"党"呢，什么基尔特社会主义派呢，虽然他们于工人初步利益在相当范围之内也表示赞助，但他们也都不是始终为了工人阶级全部利益奋斗的派别。现在一切政治团体，惟一能为了工人阶级全部利益奋斗的，只有一个共产党。我们工人需要于组织工会之外，还组织政党，我们要的政党就是共产党了。

全国奋斗的工友们当然会记得，这几年来共产党是怎样和我们一块儿奋斗呢！他起首引导我们组织工会，又助我们争到工钱的增加，使我们大家认识"团结就是工人的势力"，他的目的在不断的领我们向解放之路，所以他决不畏难与懈怠，又引导我们来争我们最迫切需要的自由了。这几年他和我们肩并肩亲密的奋斗，至少当已使我们认识，他是始终为我们阶级利益亲切奋斗的了。这回他的党员与工友们奋争自由，至于被屠杀而都不稍畏缩，是何等勇敢地为阶级利益奋斗呢！而不久在北京开"二七被难诸工友追悼会"，当时并未曾受何等武力的压迫，不但招牌社会主义者们没有人来，就是革命的三民主义代表（民党议员）也没到了一个，他们对死者甚至连这么点同情心都没有！这件很小的事情，不但证明共产党是为了工人阶级利益的政党，且是惟一的为了工人阶级利益奋斗的政党呀！

这里就许有人接口要问：共产党不就是"过激派"吗？不就是在俄国"杀人不眨眼"的那一党人吗？——可怕，可怕！你是听了好些关于俄国革命的话吗，你是被那些消息震吓过吗？但我要问你，你可知你听过的消息是从什么来源传来的吗？我可立即指出那些谣言和咒骂都是华洋资本家和白党炮制,经他们宣传机关传播来的。他们报告过列宁的死,不知有若干次了,然而列宁却未曾死,他们是造谣可证明了。资本家为何要造俄国的谣言呢？就是因为俄国是工人革命,国家由工人管理了;如果各国工人都要学起俄国的榜样来,全世界资本阶级马上就得要倒;所以美日法等强盗国家,便一致努力一致造苏俄的谣言,捏造他好多坏话,来蒙蔽全世界的工人们,使他们消失对俄国革命的同情,所以我们这几年关于俄国的听闻,大半是被他们欺骗了。那一个革命能免掉了杀人？俄国共产党人是杀过人的,但杀的是阻挠革命进行和反对工人利益的那一类人。"过激派"的确是可怕的,且要使人吓得抖擞的;但这话是要对全世界资本家说,因为"过激派"的革命是在推翻资本主义。资本家永远是工人的仇敌,我们没有所为来怕"过激派";资本阶级恨"过激派",怕"过激派",替"过激派"造谣,反倒证明"过激派"就是在我们工人这边,他所反对的就是我们工人的仇人,他们所争斗的就是工人的利益。这或者倒是我们不当怕"过激派",反要去和他亲密的一大理由!

我们的现在的责任很明白了,我们要努力去恢复我们的营垒（工会）,同时也要努力组织好我们的参谋部,凡是工人阶级的革命先驱,都要加入中国共产党的组织之内。

"确认于工会之外,还须有党的组织,这是我们这次失败之下,一个很有益的教训。假使工友们努力迅速向这个需要进行,努力去扩张共产党的势力,我们损失的马上就会恢复。"

中国共产党万岁!

一九二三·三·二四
原载《京汉工人流血记》

【注释】

① 本文是高君宇为《京汉工人流血记》一书写的后序。《京汉工人流血记》由罗章龙和高君宇编撰,北京工人周刊社编辑,1923年5月出版。

我们应当怎样纪念今年的"五一"

（1923年5月1日）

"五一"是劳动阶级团结的节日。自一八八六年以来，世界工人一年一年的纪念着他，现在又轮到一九二三年五月一日了。

在欧洲和美洲，今天的情形一定是热烈极了。欧洲工人是正当了一个烦剧奋斗的关头，资本阶级正榨取他们多量的血汗来恢复欧洲大战的损失，黑衣匪（亦名"法齐斯蒂"，他们是专以仇视工人阶级为职业）正霸据了意大利，不分昼夜地到处杀人放火；热火的法国侵略主义正在德国领土内横行，凌压困苦不堪的人民，拼命地制造第二次世界大战。资本阶级是到处向着工人进攻了：他们不断地减落工人的工钱，加长工人做活的时间。因为资本主义生产的末日快要到了。世界经济已到了长期紊乱的时期，资本家的能力已经统治不了世界了，他们的生产渐渐不如前之能生利了，他们便不断的关闭工厂，或减少工人，把成千上万的工人丢到街上，使受冻挨饿。资本阶级是向工人进攻了，工人对这个进攻只有一个回答，就是"联合劳动阶级成一条联合战线，反抗全世界的资本阶级，努力使世界，革命迅速实现，将政权握在无产阶级手中"。所以我们想到欧美先进国的工人必于今天有热烈的运动了：在一切聚集工人的地方，他们必然于今天停了工，集合在广大的场所，做革命的演说，或成千万的宣传文字在会场发布了；他们也必然要一致地表示他们现在的困苦和需要，在宽广的街衢，手持红旗的工人一队接着一队地开了过去，他们万众一声地喊出他们的口号，革命歌声弥漫了全城市。资产阶级必于今天重掩了他们的窗户，不敢向街心窥视，愤恨与恐惧交并的抖擞了！在日本的工人弟兄们，于今天也必努力为一样的示威，表示我们工人阶级团结的威力。

在苏维埃俄罗斯——世界工人的祖国,今天是他的国家盛典了,因为这里的政权是在工人阶级手里,一切事情都照着工人的意识决定了。五月一日在苏俄的性质与其他国家不大相同,但今天纪念他的,要算在苏俄顶自由而且热烈了!

在中国,今年的"五一"要怎样做呢?自一九一九年以来,我们纪念了好几次了,我们的工友也渐渐组织起来了,这几年各地工友勇敢地罢工奋斗,就是因我们工人已有团结可表现我们力量的缘故。但中国工人这两年奋斗的经过,是怎样受摧残和压迫呢!上海纱厂和唐山煤矿罢工,都遭了野蛮武力的摧残,结果连工人的团体都不许存在了;香港海员罢工,粤汉铁路和汉口花厂等罢工,虽然得了胜利,但也曾经了军阀和洋资本国武力的摧残,也一样有好多亲爱的工友流血了。最近京汉路工人罢工,是被迫于集会被武力压迫,结果有四十位革命的工友被屠杀,而北方铁路工人的团体都被摧残了,不能公开的存在了。这些情形,证明军阀存在一日,洋资本国的势力存在一日,中国工人的团结便不得自由,便日日要受摧残危害,甚至根本不使其存在。故中国工人目前的使命,须努力不避艰苦的团结起来,去打倒军阀和洋资本国的势力,而今年五月一日迫急要求,就是争"工人团结的自由"了!

同时在军阀和洋资本国双重压迫下的中国人民,也要恳切的了解,这种不堪忍受现状的打破——中国人民能脱离此双重压迫而得着和平自由,只有是劳动群众的团结强固才有希望。故中国一切被压迫人民的责任,是在努力援助工人团结,与他们一致的去争自由。最近的事实,是证明你们已为这个重要努力了。北京学生和市民对京汉惨案曾为大示威的抗议,最近全国学生第二次大会也决议以后为工人之援助了。被压迫的中国人民必然要于各方面表现这个意义,全国一致亲切地站在援助工人的一边。

是"五一"之在中国,不但是工人团结的节日,且应为一切被压追人民纪念的日子了！今年"五一"的口号,应是"争工人团结的自由"！

中国的工人、农民、智识者、学生、小商人以及一切派别的社会主义、民治主义者,都要一致纪念"五一",我们要在今天一致休工,集合广大的群众的集会,讲演我们革命的必要,应把成千万赤色传单和小册子发散到工人中去;应举行大规模的示威游行！我们于集会时,要追悼中国工人运动中的死者,致敬意于那些历次罢工而被捕囚的朋友,捐钱来救济被害工人家属及被革工人,并应特别注意于殷血未干的"二七"惨案,要于会议决定我们的要求。

(一)恢复被封工会;(二)立即释放因罢工被捕者;(三)立即恢复因罢工被开革工人之工作;(四)政府须拨一定的款抚恤被害工人之家属;(五)立即惩办屠杀工人的祸首——吴佩孚、萧耀南、曹锟、赵继贤等;(六)废止治安警察条例及一切压迫工人的法律。

我们想到我们纪念"五一"的情形,是远比不上欧美日本一样热烈的,但我们要对这日和工人团结努力的热忱,是和他们一样的沸腾了呀！

工人团结的自由万岁！

原载 1923 年 5 月 1 日《工人周刊》[①]第 63 期

【注释】

[①]《工人周刊》,由中共北京区委于 1921 年创刊,1925 年停刊。

北京通信

（1923年5月9日）

现京盛传直奉不日即再战，惟据我们推察：吴正有事于西南，此时必不愿再与奉天开衅，在奉天上年战创尚未大复，虽吴现局似甚可乘，利其多事而击之，彼内部尚不整饬，似亦不宜急战；双方都有可败的资格，故现在边部双方军队调动，似仍然在互增戒备，张如不先发动，战事绝不至实现，也可信在最短期间内，奉天方面不至发动；我们预料这个战事的开始，至少必在广东局面稍可发展，或长江变动较不利于吴的时候。杨森占领重庆，战局转换必不至如是迅速，恐消息有些欺人；人谓吴将使二十三师回防河南，开三师征蜀，此恐亦不确，现在奉天既有乘机再进关的心事，二十三师必不敢由直隶撤去。第三师系吴主力亲军，吴如不亲自出马，第三师必无独去之理，若蜀局果不利于吴，吴须加派重要援军，那恐直系地位又成一个新的局面，起了不利的变化，情形恐不容吴秀才还可从容图蜀，更还可派他的亲军出马。总之杨森无论胜败，吴地位已不能费大力图川了。

上海五舰的独立，背后一定有大有力者的组织，其关系必不止单对孙传芳，意在打击直隶全部，或者会有一个大变动继此而来？如我们的推察不错，则我们可断定：粤局最近必可有大的发展，奉天必提前开始第二次的直奉战争。国民党要会利用这个新的局势。

在北京城圈内官僚活动，大体很有利于曹锟。日来各派的倒阁，细分起来，全民社系保定嫡系，其倒阁系在破坏北京之"三角同盟"，促进最高问题的进行，此当然不容疑问；研究及民治之流，一面总在要自己组阁，他人上台他们总是反对，此次出头倒阁，亦有帮助曹三的味道。据我所见，他们说"最好是推曹上台，造成更反动的一个局面，那时直系内部必分裂了，直奉必打仗来自杀了，中国便有希望了……"这是他们排出来的堂皇话，肚中实在还是"洪宪功臣"的心事。赞助这样个"政策"的人很多，北京内有些小研究小外交系们也都称这是"妙计"。努力帮助更反动局面的造成，这就是官僚及准官僚们救国的方法了！

　　学生运动最近忽生了一不好的现象，就是单嚷外交问题去了。其原因，是收回旅大运动起了之后，有些向未加入学联的学校学生，愿单为了外交加入运动，有些是经了政府方面人炮制的，想以外交问题来转移各方不满意政府的空气，故造反的学联顿觉应付不了，和平派因之乘势主张目前只争外交，来迎合对方的心理，虽决定仍是内政外交同攻并向，然注意和努力现在差不多全移在外交上去了；这不能不说是学生运动脱出正轨之危机。

四月十二日

原载1923年5月9日《向导》周报第24期

北京通信

（1923年7月11日）

（一）①

自直奉战后，北京政权遂成了直系军阀独占的私产，去年直系之所以把黎元洪请到北京，原不过要他坐账房管家，替主人做几件事情，在那时黎元洪的招牌，确是较军阀亲来当家有利于直系，至少所谓"法统的恢复"给吴佩孚武力统一的政策得一个理由的根据。但直系起用黎元洪，究竟是一种暂时的政策，军阀的政权是军阀要直接来支配的，所以半年来曹锟最高问题的种种进行便喧杂于社会了。经过许多名流狗记者的宣传，曹锟居然成了惟一适当的候补总统了，投票的猪仔也收买下若干群了，英美两国和国内银行团的援助也讲好了，在这权威和这样顺利形势之下，曹三的总统成了"天与人归"不可阻挡的事实，所剩的只是轿夫们照行"民意"的一步手续了。将由"民意推戴"而进三海的曹锟，忽然用起不和平的非常手段来，他的乖巧至少会认这是一种蛇足的行动。

说这次政变是因黎元洪的抵制，这是不明现在政局的实际，是不明现在北京政权的主人是直系军阀，是不明黎元洪的地位不过是替直系军阀做奴才罢了。主人要将奴才革掉，要亲自出来掌家，奴才因怨望而生抵赖之心，这是人情之常；但黎、曹势力和地位的悬殊，黎任何的抵制都不会使曹三受何等打击的。所以，这次黎元洪虽然也收买议员，运动制宪，对曹锟总统进行为抵制的挣扎，但这仅不过是怨愤的一个必有的反动罢了。这个不能与曹锟较的抵制，在军阀眼里简直值不得何等注意，非常手段的应付更是不必。

　　这次所以用高压势力迫黎去职，在因总统买卖包办起来竞争的缘故，我们知道曹锟之下是分所谓保定系与天津系的，这次总统问题的进行是在保定系包办之中，最先要推曹上台的天津反而连大帅的门都踏不进去，眼巴巴地看别人占了首功，天津系的忌妒是怎样呢？最近保定因大典筹备是要清一色曹家内阁承担，所以保系阁员开始对张阁为踢台的排挤，而适于此时府院又生了争执，这样把张绍曾逼走了。这种局势予了津派一种机会，乘势用速成法将最高问题完成，抢了保派的功首地位。他们的计划：第一步在迫黎去职，第二步在由疆吏拥曹上台；其手续较保派之走投票的路子实非常迅速简捷，人谓津保之分只在缓进急进，此是不明内幕或故意不告人的说话。在这样计划之下，冯玉祥（基督教中人！）、王怀庆又欲各显其长，所以那几天弄得北京妖气迷漫，人鬼难分，什么命令式的警察罢岗，痞子凑成的公民请愿，军警官佐的要薪，接二连三的种种把戏都演出了，天地至此，黎大奴才只有滚蛋之一途！政变就是如此造成功了。

君宇于北京，六月二十三日

原载 1923 年 7 月 11 日《向导》周报第 31、32 期合刊

【注释】

① 本期《向导》周报上《北京通信》题下共两则，另一则为他人所写。

这只是租界的治安问题吗①

（1923年8月22日）

本月（指八月）十八、二十两日内，上海租界内发生两次洋人冒捕骚扰商店，殴伤事主，抢窃财物的事件，而一般华商才说了几句注意租界治安的话。哼！这只是租界里的治安问题吗？

年来洋人在中国境内贩运军火，买卖毒品，以至于欺骗杀伤华人的事情，时有所闻，这都与我华人治安问题有莫大的关系，我们很少听见过各界同胞说几句同情话，更少见中国的舆论主张公道，媚外卖国的政府我们毫不足责了。

本年五月底上海、北京美国水兵随便打死了黄包车夫孙汝卿和李廷元，天津美兵无故枪毙滦县人张学书，和去年美兵压迫唐山矿工，英兵殴打汉口棉花工人，以及最近拿获美人在上海私运军火，发觉意人在徐州贩卖枪弹……没有一件不是与我华人治安问题有重大关系。

现在是中国的治安问题，不单只是租界的治安问题；中国的治安问题不解决，想租界里的治安是做不到的。

然而单就租界的治安问题说：至少这些租界内的洋土匪应枪毙。我们看克门案，和最近临城案与大米案，英美帝国主义者如何强暴的要求——共管铁路呵，枪毙犯者呵，高级官吏免职和谢罪呵。

所以我们现在应得高呼：

撤销租界！

枪毙洋土匪！

撤销治外法权！

美国的领事及巡捕头免职谢罪!

原载 1923 年 8 月 22 日《向导》周报第 37 期

【注释】

① 本文署名"君一"。

中俄会议——为了谁的利益

（1923年9月30日）

帝国主义之侵略呢？——中华民族之独立呢？
国民要速起监视外交系洋奴！承认苏联
——中俄同盟是中华民族脱离压迫的第一要件！

据最近的消息，谓苏联代表加拉罕①与王正廷之间，已有了解的倾向，渴望经年之中俄会议，不久即可望开始；同时又有传说，且谓会议开始已定期在十月十一日。十月十一开始之说，恐未见得已如是确定；但证以加拉罕对华态度之诚挚，若北京外交能脱开历来东交民巷之愚弄，以人民利益的见地接待苏联，则吾人敢断定，会议之开始为期必不远了。

对于中俄外交，显然有二种相反而冲突的趋向。一是国际帝国主义的政策，他所代表的势力现已在王正廷背后努力活动，忙着替教徒编造脚本，要他于会议时照之演唱。一是国民向解放的努力，有人觉着或这还不过是个希望，但他的趋向则在要改正外交上亲帝国主义之惯习，而来成就自家独立的利益。

国际帝国主义的态度是怎样呢？我们可以举美国来做代表。自加拉罕莅华以来，美国在华的报章通信很忙碌了，大家一致或明或暗的做起反对承认俄国的宣传；尤显著的是中美通信社和《密勒氏评论报》。《密勒氏评论报》于其九月八日之一期内，载有一文名曰："美国缘何不承认俄国"（Why America Refuse to Reogse Russia）②，这是许士答美国劳动联合会刚博斯（S. Gompers）的一封信，在七月里就发表了，《密勒报》现又将他登出，其作用何在已属显然，而该报似乎还怕用心不明，更于是文篇首加了一段附释：

> ……这里将许士国务卿全信重提，全因俄国现下提议与中国交涉，有取得终结承认之意。

这种对中国突锋露骨的态度，说他是友谊的提醒，实在不如说他是命令口气的警告；不啻公然说：美国据这些"理由"不承认俄国，看你附属于列强的中国，还敢不遵从洋大人的指挥，单独去承认过激派俄罗斯！这能不说是对"有独立主权的中国"一个公然的侮辱？然而正为了这样，他们的中俄外交的态度却明确地表示了，他们态度最显露的一点，就是不让中国承认苏联俄国。帝国主义因何不让中国承认俄国呢？这理由是很容易看出的。假使中国竟敢拿起独立外交的态度，无畏怯的将俄国承认了，结果必然俄代表要搬入东交民巷，成为外交团之一员，那时俄国本着外交公开和反帝国主义的精神，与列强代表周旋起来，不但列强对华一切阴谋要被公布于外，而像铁路共管一类的提案在外交团会议的席上就要先遭了俄代表无情的抨击。

这是何等有利于中国的事！况且俄代表将来种种反对帝国主义的事实，必然日增月进的很广遍的博得中国人民的了解，认识苏联是中国惟一的朋友；这种情谊必然要促成了两民族亲密的同盟。这同盟是包括了全世界三分之一的人口，和全世界五分之一的领土，而且是世上最富天产的部分，其势力必成为列强很大的一个危险，是要使帝国主义的全世界震骇而战慄的。这更是何等有利于中国的事！然而中国的"利"正是列强的"不利"，承认俄国既然将与列强有这么些可怕的害处，则他们当然要指挥中国洋奴式的外交家勿承认俄国。

但是，英美报纸同时又是鼓吹中俄会议之速开的，这岂不将被人误会为与上述态度矛盾？然而明乎北京当局是亲帝国主义，明乎列强要藉中俄会议实现之野心,吾人将马上了解一个单纯的中俄会议将予列强以莫大的收获。帝国主义计划于这会议中,一方面成立一种中俄商业协定,以中国为驿站将他们的经济势力伸入东俄;他一方面假力中国在"收回主权"名义之下,将中东路与外蒙古收回,放在美国势力之下,按照了华盛顿会议的大原则将他们捧送与帝国主义(美使最近在哈尔滨之演说,很可表明这种贪求)。于中俄会议他们既可图如许大利,他们当然要希望他之速开。

说到中国人民对于中俄外交的意向,是显然而易了解的,是可从哈尔滨、沈阳直到北京一路对于苏联代表加拉罕热烈的欢迎表示出的。

单以北京一隅而论,除开了参加的官僚分子所代表的意见,一切人民的表示,从车站的欢呼以至许多招待席上之演说,都是对于苏联深刻的同情;尤显然的,是北京学生联合会声明国民对于苏联之承认。

人民所以对苏联有如是热忱,显然不单是为了俄国放弃帝政时代的侵略,将依一九一九及一九二〇年两次宣言以为对华之准则,而且是了解与苏俄联合共抗帝国主义之重要。且有许多国民更进一步的了解:他们知在现在英美与外交系主奴结托之下,所谓蒙古的交还,并与中国人民无何等利益,反而要替英美帝国主义增加一块殖民地,替曹吴或张作霖诸大军阀添增地盘,使他们更有力量的来压迫中国人民;中东路的收回(其实此路现不在苏俄手中,而在中国政府与列强共同放在的白党手里)。是否能交在中国人手中,而不被列强依据华盛顿会议的决议明目张胆的抢去,实是很大的一个疑问。明白的国人,必能看清现在的重要,不在与俄国论斤较两,替列强计较这些琐碎,而在如何与俄国成立亲交的关系,共同来反对英美等帝国主义的国家,争得中国之独立与自由。这种意向,是显然已在人民中猛烈发展了。

归结一句,若将帝国主义对于中俄外交的态度与中国人民的态度再作一比较，则是显然的绝对相反。帝国主义要的，在防堵中俄两民族之亲善，扩张他们的侵略利益，故极力破坏中国对于苏联之承认，只要利用一个中俄会议来成就他们的公然劫夺。反之在中国人民的意见，为争独立与自由联苏俄是第一重要，其余的关系都是次要问题，是于亲交之下自然而然可以解决的；故注重在先承认苏联。这两种趋向的冲突，写明了中国今日重要的政治情形；中俄外交也是两种趋向要冲突的一端，这冲突就是中国人民与帝国主义开战。在这个会议里，不是中俄之争，实是中俄共同对付帝国主义之争！

于此要论到王正廷的态度了。现在是有两条路横在王教徒面前，他将走的是那一条？遵从帝国主义的阴谋呢？还是依照人民争独立利益之意向呢？有二事已告我们王教徒对于中俄外交所持的态度：一，教徒目前招待新闻记者，表示中俄外交注重在成立商业协定；二，半外交系机关〈报〉《平民报》于其开张之第一日（九月廿日），便登有一段：

> 惟喀氏（加拉罕）之意，终以承认苏俄政府为开会之前提，日前京报社邵振青③言，以该社名义，在北京饭店欢宴喀氏。席间互相讨论中俄外交问题，喀氏演说中，亦表示此意，记者特以此问题访诸熟悉外交情形者，讨论向来国际之习惯，以为喀氏此种论调，似有根本错误之处，设将来开会，因此阻碍，则中国难任其咎。

（以下略举三种所谓"理由"）。

这不问而知是王教徒的宣传了。甘心做帝国主义之走狗，危害国家人民最大的利益，用一句外交套语，真是"不胜遗憾"！然而英美曹吴外交系主奴结托之北京政府，我们何能责他们以爱国，又何能责他们以不卖国？这次中俄外交重要使我们认清军阀官僚帝国主义和我们势不两立了！

国人起来,起来自动的与苏俄联结成反帝国主义的同盟!

原载 1923 年 9 月 30 日《向导》周报第 42 期

【注释】

① 加拉罕(1895-1937),苏联高加索人。1918 年任苏俄政府副外交人民委员。1923 年 9 月率苏联外交代表团来华,次年 5 月与北京政府签署了《中苏解决悬案大纲协定》等文件,遂任第一任苏联驻华大使。

② Why America Refuse to Reogse Russiao,Reogse 一词有若干字母谩漶不清,查应为 Recognize(承认)。

③ 邵振青(1884-1926),字飘萍。浙江金华人。著名报人、记者和新闻学者。曾在《申报》《时报》《时事新报》等报担任主笔。1918 年 10 月创办《京报》,宣传俄国十月革命,宣传社会主义。因揭露段祺瑞政府罪行,被通缉,报纸被查封,化装逃出北京。1920 年 7 月,复刊《京报》。1926 年 4 月 26 日被奉系军阀以"宣传赤化"罪名杀害。

红叶题诗①

满山秋色关不住

一片红叶寄相思

天辛采自西山碧云寺十月二十四日

【注释】

① 本文自石评梅《涛语》中辑。《涛语》中这节的题目是《一片红叶》,记述作者寄红叶给她的经过。时在1923年10月24日。《涛语》中说,君宇把这片红叶包在一张白纸里寄给她,她收到后,在红叶背面写了几个字:"枯萎的花篮不敢承受这鲜红的叶儿。"仍然包在那张白纸里,寄还给君宇。君宇死后,"我去兰辛那里整理他箱子内的信件,那封信忽然又出现在我眼前!拆开红叶依然,他和我的墨泽都依然在上边,只是中间裂了一道缝,红叶已枯干了。"

"赤色帝国主义"么

（1923年11月9日）

中国应排除一切疑念及阻碍，毅然与劳农俄国为第一朋友。

在此全世界纪念俄国革命的节日，每个被压民族都应有一种特别努力，就是要比寻常更专心地去了解苏俄，从种种事实上去认识她国内的现情，认识她对外的态度——尤要是她对于被压民族的态度；特别是对于中国人民，这种了解是有非常之必要。

自地理的关系上说，西起帕米尔，东迄乌苏里江，我国与俄接壤在万里以上，此种自然的关联，实不容吾人一刻忽视。一边是拥有全球陆领六分之一的俄罗斯人民，一边是有四百兆人口之中华民族；此两大民族都是广土众民，天产饶富，地理上的关系又那样密切，若是他们联合起来，不但东亚和平可以保持，与世界未来文化亦将有莫大的贡献；反之若是他们寻仇起来，这么两大势力的扑杀，其结果的毁害恐不堪设想了。为仇为友，其利害之分驰既若是巨大，我真不解我国民族对如此重大问题，何以至今犹恝然置之若无事！若以有所期待，此乃三年前资产世界之老态度，那能适用于今日之情形？三年之前，帝国主义列强以武力及经济的种种方式，围打苏俄，他们是何等深信而且夸张，说劳农政府在几星期内，必可覆灭；中国人又是何等受过这些宣传的欺骗，可怜的商人们竟大买贱价旧纸币，以为旧政恢复在即，到时兑现可大发财。然而事实是怎样呢？彼等希望于数星期内推翻之劳农政府，不但打退了列强的围攻，平复了白党的内乱，至今存在已达六年，而且其统治已由分裂地进入于统一了。今日的俄国，不但政权稳固，远非日事扰攘之列强可及，而在欧洲丝毫不能有望之"经济恢复",在俄却已有进步可见;拿国际地位来说,苏俄毋庸疑问的已是一个强国了。一方面是苏俄地位日臻强盛,一方面是中国与之接壤的密切,形势所逼,对于中俄关系,我国民再不能搁置,再不可抱一向放任的态度,要迅速地有决定了。

同时,此要决定的关系,将是如何性质呢?亲善的么?交恶的么?——这是要根据了中国自己的需要,和苏俄对华的态度而去决定的;这是中国人民要独立决定的事情,我们没有要去探问列强意见的义务,英美列强更没有干涉过问的权利。

俄国自革命以来,其对外所采取的政策,不但一反帝政时代之旧,放弃侵略政策,而且是积极的帮助弱小民族,树立了反帝国主义的中心,使被压民族得脱离白人之羁勒而独立。从杜洛斯基发表外交秘密文件以至援助土耳其之独立,苏俄之助弱小民族与反对帝国主义,不单是口头的而且是行为上的,事实有好多了。我国因一世纪以来,外力侵入之结果,积弱至今已濒入于列强共同殖民地之情形,此爱国之人民所不忍言者,然事实又何容讳言?外力既已成为吾华经济生命之主人,而吾人头上又复有一种自国残横的宰制;此二势力交并进攻,重赋外资既榨取其髓血,战乱压迫又扰害其身体,吾民所受今日宰割之痛苦,真不堪言状。今日吾民实需要一种争自由独立之运动,此运动是需要国际的援助的,但此援助不能希望于侵略的英美法日,他们就是使中国不能独立的惟一因子;他们现正计划如何共管铁道,如何宰割中国;可希望援助我们的惟有是反对侵略的苏俄。而且在事实上,从苏俄历次对华宣言所具的精神看来,苏俄是已经而十分诚挚的将这样亲善之手伸给我们了。对外脱离帝国主义之羁绊而独立,对内消灭军阀之宰制而自由,为了此种使命而去联络苏俄,不但理论上是应当的,而且事势上是可能的,以此种需要之迫切的程度而言,确定中俄两民族的关系——而且必须是亲密互助的关系,是刻不容缓了!

然而实际竟如何呢?俄国为了决定此种关系派遣来华之加拉

罕,到京已有二月六日了。此六十六日中,中国人民热忱所希望的亲善关系,不但至今毫无音兆,而所谓中俄会议亦有不知开在何年之势。形势之所以至此,不能不归咎于左列二因:

(一)北京政府外交不敢独立,事事听命于东交民巷;

(二)国民任听外交系作英美走卒,不起而纠正其媚外的外交。

以临案交换觐贺,将威海卫捧送英国,现又将断送金佛郎,专门替外国办外交的外交当局,欲其见到中俄亲交是关系中国运命的重大利益,要他们废除了向东交民巷主人磕头之惯习,而来独立的成就此种利益,以这种爱国的事情来希望外交系,是我们长睡十年都不敢做的痴梦;但我却不懂解,我国民何以竟如是宽宏大量,任听当局去辱国丧权,任听当局去蔑视我们的最好利益,丝毫不加以具体的追究?当局媚外我们劝说早不生效,今可再勿劝说;惟我国如斯模胡,倒是根本可畏的一个现象,此不能不劝告一番。

我国民之所以任听当局媚外,原因固然大部不是主观的,是追究的意见还没集中的缘故;欲使这些意见集中,固然离了国民团结的工夫不成,而一些不准确的被仇人灌迷的观念之洗刷亦为非常之必要。

据我所知,虽然是很少的数目,是确有一部分对苏俄态度仍抱疑念。他们说苏俄对华亦是侵略的,宣言所载是骗人的。我们第一要知道这些的来源,这不是中国人理智的认识,是英美及白党反俄宣传所影响给我们的观念。自俄国革命以来,列强及他们所扶助之白党一致做起反俄宣传;对其本国,他们则捏造种种证佐,描写俄国革命之"残暴",以消杀其工人阶级革命及对俄同情,对弱小国家,则造说俄国是"赤色帝国主义"(Red Imperialism),是侵略民国的,以防阻他们与新俄之接近。在乔治亚复归于苏俄的时候,英法政府及其忠犬第二国际,他们大肆吹嚷此"赤色帝国主义";然而乔治亚之复归于苏俄,不过如远东共和国之复归于苏俄,乃苏俄统一上应有事情,若说是"侵略",这是连小孩子都欺骗不了的话,在我们贵国,"社会大家江亢虎先生",去年亦努力做这样留声机。一些边境被白党包围了的长官,时时从梦中得到一些可怕的消息,"红军将侵入我境"的报告时常纷至沓来,然而从未听说有一次红军侵入,据本报四日消息,最近又有:

  驻俄沈委员日前电政府,声称劳农政府近于赤塔设立战职军司令部一所,以席奇诺夫将军为总司令,共辖十四军团,每军团自二万余人至三万余人不等。西伯利亚已驻俄军约二十万,席奇诺夫并派莫里宁氏为第一支队司令。率领红军第八第十一两军团,驻满洲里。因此政府大起恐慌,外陆参三部,连日会商应付方针。现已议决三项:(一)速向驻京俄代表加拉罕提出交涉。(二)设法巩固中东路。(三)东省严重防备,但颁电吉黑两省防军,万勿衅自我开云云。

  按俄国军额六十万,其领土之广大,而西部边防又较重要,其是否能抽调如是大军东驻西伯利亚,实一疑问;即使确有如沈君报告之数,若即断定其在来侵中国,恐亦神经过敏之论。在"政府大起恐慌,外陆参三部,连日会商应付方针",逻辑原没有分住在无常识的官僚脑中,他们如是庸人自扰,实属可笑,然具此同样不逻辑头脑而盲信此报告之为确的人,又恐不只是官僚了。我敢断说:俄军除了防卫白党外,绝对不会有侵我之事。一部分国人要明了我们认俄是侵略的疑念的来源,从事实上去证明他是否确实。

  蒙古问题,是有人疑念之一,但俄代表已声明中国主权存在,中俄关系确定必可撤兵;中东路问题,是有人疑念之一,但俄代表已声明于不准第三国干预情形之下,与中国公平的交涉。庚子赔款已退,领事裁判权已撤,两宣言已实行其大部,而我政府至今对之从未有一定之致答。事实是如此,我们除促进中俄亲交之外,尚有何理由可以怀疑友邦之诚意?

即使让一万步言之,我们盲从着白党和英美说俄是侵略的,而我族之对外关系,是否要采取比较的实现的态度?"侵略的"俄国,较之日要共管铁路之"友邦"英国何如?较之抢夺无线电建筑权之某二"友邦",与拼命要金佛郎之某"友邦"又何如?假使有一天俄国侵略我们了,我们自然要攻击,且应当全国一致的攻击,因为大国民的态度,是应不能容忍任何国加以侵略的;然而我人民于临案各国大肆宰割之顷,威海卫金佛郎参战借款断送之顷,不努力联合苏俄以图反抗,却反枝枝节节去怀疑事实上没有发现的事情,从脑筋里去创造一个"侵略的俄国",我们东方民族这种绝对的头脑,不去比较实际利害的"政治态度",恐是所以形成外国侵略原因之一罢!

在应当认识苏俄的今天,我能给予国人的贡献,仅是这点自己的信见和指出一个障碍;但就是这点信见,我自信是很与我国之独立有利益的。前后希望一句,请国人分我信念,铲除我指出的那些障碍,迅速的使中俄亲善的关系早行成立!

原载1923年11月9日《晨报》副刊第285号

《中国青年》周刊①

(1923年11月23日)

中国现在是被昏乱的思想统治着，青年们日在乌漫漫毒瘴中，他们需要解救之迫切，实是中国目前最重要工作之一。《中国青年》既毅然出而背负此重任，这又无庸说是青年们应当共庆的好消息。

【注释】

①《中国青年》，中国社会主义青年团（1925年1月改名为中国共产主义青年团）中央委员会机关刊物，1923年10月20日在上海创刊。周刊。半公开发行。恽代英、萧楚女、邓中夏先后任主编。曾先后迁往广州、汉口出版。1927年10月10日出至第8卷第3号停刊，共出版147期。

对于列宁主义的误解[①]

（1924年1月24日）

追悼列宁的第一要义，在于忠实的了解列宁主义，若是离开了此种立足而谈追悼列宁是不会有什么重要意义的。

自然，了解列宁主义的本身或是它实施的全部，都比较不是通俗的工作，在今天追悼会上我们决不存那样的奢望。我们希望大家在今天了解的，只是列宁主义所组织的俄国革命被人误解了的，而且又是重要的误解。

在俄国革命中被人误解了的毒而关系重要的莫过于新经济政策及对弱小民族的态度。这些误解在实际上是没有根据的，而唯一的来源就是受毒于帝国主义及各种反俄报纸的宣传。

有好些人都以为俄国采取的新经济政策是：一、共产主义试验失败；二、俄国复返于私人资本主义的明证。其实完全是个误解，根本在他们不了解俄国革命的程序，且不知俄国尚未曾将共产主义"试验"。第一要明了：俄国革命自一九一七年夺得政权之后，有一个叫作由私产社会过渡到共产社会的过渡期。在这个时期里的革命工作是在以无产阶级专政的方式去发达生产力和消灭阶级，所以这个时期的重要，不在实现共产主义的社会秩序，而在增加劳农政权的强度。到过渡时期终了，就是到了阶级的消亡。（下佚）

【注释】

① 本文在《平民》周刊发表。《平民》，即《平民周刊》，由王振翼等人于1919年8月在太原创办，1922年初为中国社会主义青年团太原、北平地方组织主办，同年5月被阎锡山查封。1923年11月1日在北京复刊，改为半月刊，由高君宇主编。本文据翻拍之《平民》照片排印，其下半部分已佚。

国民党左右派的分化

（1924年8月10日）

记者按：国民党中央委员会将于本月十日在广州开会，这篇文章的意思很可供献给他们，为评判此次党内纷争的参考。

国民党一部分老分子的异动，他们自名之曰反共产派运动，目的在拥护纯粹国民党的精神；不大注重分析实情的人们，免不了就信以为是那么一回事。其实，此等异动所代表的性质，并不是所谓共产派与纯粹国民党对立的冲突，而是国民党内部左右派的开始分化。

此分化所由发生的起点，甚是显而易见。就国民党包含的分子来看，在辛亥推翻满清皇室以还，虽孙中山一部分人始终从事革命不懈，而大部分国民党士人分子则认革命业经终了，不特根本放弃旧日向民间的宣传与组织，且日渐右倾的趋于官僚化。数年来一部分国民党分子其违反党义及可悲的官僚行径，固不必一一为之举证；然其趋向的右倾亦不须为之讳隐。此等分子自然亦需要国民党这个团体；但他们需要的是一个革命的国民党，抑是一些私人利益集合的国民党，则是最易解答的一个"疑问"！同时在孙中山及他的友人一边，因历年奋斗的结果，愈感觉到革命的艰难及一个革命组织的必要，因之毅然决然有改组国民党之发动。此种努力的归结，又显然是与右倾分子的目的不相侔的。

今春第一次全党代表大会，着重的在组织上及意念上适合于实际需要的革命精神之采取，并未有以淘汰不革命分子列入为改组之问题；在右倾分子的一方，对于大会加增革命精神之进行，亦未为显著的反对。以大会的情形来看，似双方都无一定要分驰之表征。然而一个革命的纲领之采取，及组织上使国民党革命化，更加上不少的少年新进的人们来担承党务，这些不但是与右派的脾胃极不顺适，且也是他们眼中最看不过的情形。所以大会闭后不久，右派的反对运动就开始了。

一部分右的分子反对运动的标帜，是排斥共产主义者，防止国民党共产党化。他们所以采取此类字义的标帜，完全在动人听闻，易于号召。国民党中自有些共产主义者，然而他们硬指国民党中一切革命分子（如廖仲恺、戴季陶诸人）都是共产"派"而一样想加以排斥，是他们所欲排斥者不仅是共产主义者，而是一切革命的分子，这点至为明显。至所谓共产党化一层，假使共产党人对国民党具有那样不根据唯物的幻想，那还算得什么马克思主义！据我确知：共产主义者认定国民党之可能，只在国民革命，他们加入之使命亦至国民革命而止。要将各阶级合作的及带有资产阶级性的国民党化为无产阶级独有的共产党，共产党人何至如此做梦？就是一些人印刷的所谓"共产党破坏国民党的真相"，亦不过空悬猜度，又何尝确实举出要将国民党共产党化之证据？他们所可视为破坏的，亦不过共产党文字中有"督促国民党实现其革命工作"，及"防止国民党中造成某一人或某一派势力之活动"罢了！反对国民党之带有革命性，又不容党中留存革命分子，右派运动的所趋向的性质是明显极了！

更具体的来说此派运动之性质：（一）不反对国际帝国主义——全国大会后谢持君于所谓反共产派之会议中明言："共产党意在破坏国民党之国际地位，失掉英美的同情，故要国民党反对帝国主义。"此等论调见四月上海《商报》，是可知谢君又不反对帝国主义了。张继君亦曾向人言："国民党若反对帝国主义。国民党人将在何处安身？——外人还许我们在租界居住？"何世桢君说得更坚决："国民党做国民革命是可以的，但断不可反对帝国主义！"

这些是右派运动主要人物的意念，是他们所引导的运动必不反对帝国主义便可知了。而在实际行动上,(一)于大会后不久,右派就藉口手续问题,反对政纲中收回租界的规定了!(二)反对中俄协定。右派既不反对帝国主义,当然感觉不到助世界弱小民族反抗列强的苏俄为中国之友;又因他们太看重经手中俄协定之一方为北京政府,而不考量协定之内容是否与中华民族有莫大的利益,因之陷于反对中国第一次对外平等条约而不自知。最近国民党中央委员会对中俄协定曾有明确的宣言,右派分子是否依据宣言之指示而改正其对于此事成见,恐尚完全是个疑问。(三)反对工人农人的经济奋斗。右派助东江地主欺压农民协会,又破坏广州工人之罢工。别的琐小的事不须举了。

左右派的分化虽尚在混沌,但右派的中心意念则已快近成熟。右派现在很努力地扩张,他们势力于党内党外,且不断地向革命分子进攻。可是革命的分子们至今尚无何等明确的表示。

我们要警告革命分子:现在国民党已到了一种新的境地,你们旧日一味只知合作的态度不能适用了!你们亟需要起来做种拥护国民党反帝国主义精神的奋斗;当了国民党要为一种恶影响所弥漫的时候,若革命分子不起来努力,坐听国民党革命精神消失,那便是对国民党怠工,那便是国民党莫大的罪人!同时要知:对民党分化不但不要痛心他之不可避免,且当欢迎此种分化之已来,因为国民党目下分子复杂情形,只有是经过一番分化之后,才能使他组织上真正革命化。

分化之结果如何,此时自无须推察;惟右派将来之趋向,则似须预告国人。右派无论将离国民党而另成团体,或压伏左派而主宰国民党,其所要团体的必是不革命的,最高妙的过不了一个政党。但现在中国人民需要的是去夺取政权的革命党,还不是运用政权的政党。因为政权在帝国主义的雇人军阀手里,人民并无政权可得而运用!若有人不走革命的路子,单想拿政党去爬政局,那只有是走研究系依附军阀,或是外交系依附帝国主义的路数。这样就是不但不革命,而且反革命了!

左派是革命的,右派是不革命的,而且有趋于反革命之可能;渴望中华民族独立的同胞们,你们将赞助是那左派呢还是右派呢?

记者按: 读了君宇同志这篇文,我还有一点附加意见。国民党中之左右派不能调和,正如油与水之不能混合。所以那些勉力调和的人,只是把国民党的革命锐气消灭,以迁就那些只知投机不知奋斗的人,这是使国民党失去国人同情的。左派的理想是推翻帝国主义与军阀,进图中国民族之完全独立与自由,右派是不反对帝国主义,只想遣几支土匪式的军队,把直系政府推翻,再与帝国主义妥协苟安。这完全为的是少数人的地位与权利,牺牲中国国民的利益。我们对于这些右派,应尽情揭发其革命假面具于民众之前,并以促左派革命势力之团结为己任。

原载 1924 年 8 月 10 日《政治生活》①

【注释】

① 《政治生活》,20 世纪 20 年代中国共产党北方地区党组织的机关报,1924 年 4 月 27 日在北京创刊,主编赵世炎。撰稿人有李大钊、蔡和森、罗亦农和本文作者。1925 年中共北方区委成立后,成为区委机关报,由区委执行委员会编印。

江浙战争①与外国帝国主义

(1924年9月10日)

中国军阀的战争,每次莫不有帝国主义在背后操纵利用。

直皖战争的时候,站在直系背后的是美国,站在皖系背后的是日本;直奉的战争,所表现的国际关系,亦系美国与日本的对垒。帝国主义之所以各扶助一派军阀,并不是有深惠特爱于某一派军阀,乃是要藉所扶助的军阀之胜利与发展,造成外国在华优越的地位。果然,两次直系战胜之后,日本在华势力大受打击,美国的势力却如春草着雨的一般猛烈发展起来。这次江浙战争,我们又可看出帝国主义正在玩这样惯用的而且比前更毒辣的把戏!

这次江浙战争,不仅是江浙两军阀的战争,而且是直系与反直系的战争。帝国主义站在直系军阀背后的,自然仍是老主顾美国;站在反直系军阀背后的亦仍是日本。同时,因列强现下国际利害的关系,对于这次战争,英国一九二三年九月十日是依同美国扶助直系,法国是依同日本扶助奉张浙卢②。以价值三百万元的军械供给直系的是美国,与苏齐③进行导准借款以助直系战费的亦是美国,在洛阳替直系设飞行机械厂是美国人博治亚,对江浙战争袒护苏齐的又是美国《机关大陆报》;美国帝国主义是明目张胆的帮助直系战争!在日法一边,亦有不少帮助反直系的证据泄露于外。最近法国各运一船军械与奉张浙卢,现在奉张又有向法人订购飞机之举,同时奉天方面飞机师大部是法国人,浙江方面的则是与法国有深远关系的俄国白党分子。单举最近的事实,就可以证明帝国主义列强无日不在各扶植一派军阀,供以金钱军械及战事人才,以从事不断的战乱。帝国主义者制造,再加上军阀们的地盘竞争,这军阀的战乱自然就成了不可避免而决接国连断④的现象了;这次江浙战争,不过是这样产生的战乱的一种罢了!

这次战争的初步结果,如果江苏军阀胜了浙江军阀,美国自是要助直系军阀混一中国,造成新银行团的宰制;如果浙江军阀胜了江苏军阀,则是日法助段张⑤混一中国,造成安福⑥再霸的天下。但是现在的美国,不至如直皖、直奉战时那样迷信吴佩孚统一的能力罢!日法更不敢那样希望曾败于直系的张段罢?最近列强对华的政策,大概可于下列电文中看出:

路透社五日华盛顿电:莫斯科消息,俄外交部之罗斯坦氏今日称,俄国现注重中国之事务,不欲恝然置之。吾人现有充分理由怀疑当美国务卿休士氏驻伦敦时,列强已有关于中国之协定,此举筹议已久,惟美国直至中俄协定告成后始决定意见。吾人现信美国已放弃开放门户政策,决计在华划分利益区域:南方属英,云南属法,满洲属日(记者按:华北当然是美国的范围)。日本参加协定一层,尚未明了,惟满洲之某项动作,可表明列强已许日本占有该地。罗氏又称俄国现拟反对列强之计划。罗氏否认中俄条约中含有秘密条款。

美国这几年的政策,是帮助直系统一中国,建设所谓强有力的中央政府,以造美国独霸之局。现据上电观之,是美国此政策已有变更,改门户开放为瓜分;也可见列强不一定各自信独占之局可以马上造成,因要改取共同分割的政策了。所以他们对于此次战争,必不信任和忍耐静待己派军阀之完全胜利,要藉战乱来干涉中国政治。此种倾向,英国方面尤为热心,可于下列二电文见之:

(一)九日伦敦电:《每日电闻报》外交记者探悉,伦敦与华盛顿间现正对于列强联合的行动,以恢复中国和平与秩序之问题。众料此种时局,当可得英相麦克唐纳尔之立即注意。

（二）又同日伦敦电:《每日电闻报》宣称,某有力方面现正努力提议,邀集中国战争各派势力开和平会议,解决中国内政上的困难,并为中国建设一"不集权的联邦政府"。此次计划希冀成一十分稳固的政府,俾银行团得以投资改造中国。(译自《大陆报》)

据上二电看来,帝国主义(特别是英国帝国主义)已显然是要藉口此次战争,来造成实际管理中国的局面;其号召的方式,又是上年何东爵士玩过的把戏! 帝国主义利用中国内争来图实现他们灭亡中国的阴谋,自然不是一下子突骨露锋就拿了出来,必然要利用一些亡国奴心理的中国人,也必然要经过一些纡曲可欺骗中国人的方式。但是眼前已有一件事实,就是帝国主义利用此次战争要扩充上海租界;且看京电:

（一）英美法日义五使,因淞沪划作中立区域(记书者按:实际就是扩张上海租界),沪外商及领团来电坚持,已向外部强硬要求,并云如不允行,各国届时为保卫侨民计只有强力实行。外部遣秘书询使团中立区范围,据称租界及附近,又吴淞黄浦口水陆三十里为限。(八日)

（二）使团根据沪侨请愿,拟乘机推广租界,以华民争入租界不能容纳为理由,将开使团会议,再向外部提出。(九日)

爱国的人民们,帝国主义一方面扶植军阀,造成中国定期的屠杀与战争;一方面又利用和藉口中国之混乱,以加增其奴服我民族的地位;这是世上何等可愤恨的事情!我们受屠杀战祸的人民,不但要拿此次战争做眼前的材料,使我们了解军阀与帝国主义是中国的祸害,他们存在一天,中国就一天不得和平;而且要觉悟一切哀求的方式是不能损及他们的毫毛,只有是我们组织在国民革命旗帜之下,把他们推翻才是真正的自救。同胞们!中国除了国民革命之外,还有第二条解救的道路吗?

原载 1924 年 9 月 10 日《向导》周报第 82 期

【注释】

① 江浙战争,又称"齐卢之战",指驻江苏的直系军阀齐燮元为夺取皖系军阀卢永祥控制的上海而爆发的战争。

② 奉张浙卢,指北洋奉系军阀张作霖和浙江督军卢永祥。

③ 苏齐,指驻江苏的直系军阀齐燮元。

④ 而决接国连断,原文如此。

⑤ 段张,指段祺瑞、张作霖。

⑥ 安福,指安福系。见本书《解决时局的我见》注②。

南洋烟厂罢工与上海的报纸

(1924年9月17日)

上海各报受了资本家的收买,对于此次南洋烟厂工人罢工毫不援助,我们并不奇怪;独是《民国日报》的态度却出我们意想之外!

看《民国日报》的人,大半都知他是国民党的机关报。《民国日报》的主要责任,当然是在拥护国民党的主义及他所代表的利益。可是《民国日报》上的材料常有反于此的例外,而这种例外且是特别之多!对于南洋烟厂罢工的态度,就是□□□例外之一。

此次南洋兄弟烟草公司厂友的罢工,是因公司方面创立苛规,减扣花红,无故开除陈倩如、伍惠芬二女工,并谋解散职工同志会而迫成的。为撤除苛规,恢复被开除二女工工作,及增加工钱起见,工友七千人始于本月八日起一致罢工。一向自诩为爱国振兴实业抵制外货的资本家,到他对付本国苦同胞时候,却是和洋资本家一样的狠毒。公司方面对待罢工的方法,一面出示恐吓;一面于九日派出打手五十余人,拉工友回厂上工;有不答应的,辄被殴打。同时将工会代表四人开除,并将代表顾君殴打之后拘留在公司;有女工五十余人监押厂内,不准伊们回家哺儿,饮食亦不得出外购取,伊们哭泣了一日方才放出。公司以为这样可以使工人解体,可以破坏他们的罢工了。此外还采取了一种混淆外界视听的方法,就是由该厂员司邝某、李某登一个启事,又收买所谓"粤侨工界"者十人登一个启事,还有一个启事用的是该公司"工厂工友"的名义;这三个启事的措辞,莫不一致攻击罢工,藉以破坏外界对于工人之同情。可惜这样的启事不登在任何反动的报纸之上,单单登载在《民国日报》!

《民国日报》不根据国民党的政纲来援助此次罢工,已足奇了;

现在却违反党纲拥护工农利益的决定来登这样东西,更教我们大惑不解!或者会有人说:"那不是新闻,更不是论评;那是广告。广告纯粹是营业性质,您不能拿广告来批评他,说他失着!"好的!那么,研究系①明天可以拿一笔钱来,在《民国日报》上登侮辱中国国民党的启事了;再过一天,曹锟也可以拿钱到《民国日报》登启事骂孙中山了!

那成得一种什么现象?所以我们劝我们的同业《民国日报》,对于这类事(关系七千个同胞生活的事)要检察一下才好!

原载 1924 年 9 月 17 日《向导》周报第 83 期

【注释】

① 研究系,1916 年袁世凯死后,黎元洪继任总统,恢复国会,原进步党首领梁启超、汤化龙等组织宪法研究会,以研究宪法相标榜,被称为研究系。上海《时事新报》、北京《晨报》当时为其机关报。

《溥仪想做人——胡适不想做人（读了〈溥仪出宫与胡适〉之后）》按语①

（1924年12月7日）

这篇投稿寄来快有一个月了。起初我们以为像胡先生②那样比十三世纪还落后的言论，真不值得深刻地去批评，所以没将毛君③的来稿发表。可是这半月来，中国腐败官僚、臭架子名士、外国大流氓，都在那里大叫特叫，反对清室优待条件之修改；且听说执政府已暗中决定恢复优待了。可见如毛君所说不想做人的正多着呢！所以我们感到毛君此文价值尚在，故特登载于此。

附：　溥仪想做人——胡适不想做人
　　　（读了《溥仪出宫与胡适》④之后）

国体改变了共和，还有人在小圈圈之内做他的关门天子，本不成话，何况称孤道寡，上谕煌煌，一般戴马桶盖、拖猪尾巴的人，还在叫他的皇上圣明，五色国旗的下面，仍然有病蛇飞舞的小朝廷，真是一个窒碍的赘疣，而且不甘饿死首阳的遗老们，早已不采西山薇蕨，做民国的公仆了，但因脑海中留了个病蛇的印象，所以张大辫子闹了一次复辟，可见得除根不尽，遗祸他年。民国半死不活的过了十三载，就因为这个优待条件，弄成为畸形的国体，辛亥革命，那能算为成功呢？身上虽穿了德谟克拉西的衣裳，头上还戴着帝国主义的帽子，足下还穿着食毛践士的鞋子。星星之火，越烧越大，惯会欺负孤儿寡妇的袁项城，索性脱掉德谟克拉西的衣裳，披起衮龙袍，尝尝八十三日皇帝的滋味,看来这种祸根,不藏在满族的脑子里,却深埋在汉族的心坎中。由于这回溥仪搬家,胡适大博士的抱不平,更引人啼笑不得,但切身利害的溥仪孺子,反有努力为人,愿解放木偶式的旧束缚。旧思想漩涡中的小儿,还想做人,新思潮中的巨子,却不想做人,这真是时代思潮中的不幸呵!卑怯……可耻……

溥仪有令人可爱的地方,他能够撑脱旧思想的黑暗,找那新思潮的光明,我们可以在报上,零星看见他的起居动作,他知识上要求的热烈,很有学者的风趣,虽然不知道他的造诣如何,孺子毕竟可造,此次削去帝号,不过苦了挟天子讨饭吃的遗老和东西洋偷古董的流氓,其实于溥仪人格,却增加了,人们的眼中,决不把他再当作见骆驼指为马肿背的惊奇了!

但是溥仪人格增加之日,却是胡适人格降下之时;满族的光辉,却是汉族的倒楣。何以见得呢?溥仪因受新思潮的影响,知道胡适是现代新思潮中一条得意的精虫,造成了他们相见的机会,这位精虫化的灰色酸秀才,得意忘形,给了我们一个可耻的暗示,就是他自己说:"他称我称先生,我称他称皇上。"他以为皇恩浩荡,真是祖上的风光,这种在废帝面前的臣对臣问,也拿来当作荣誉,未免过于卑怯吧!溥仪既已迁出了小圈圈之外,讨饭吃的遗老们,瞪眼吹胡子,没什么稀奇;偷古董的洋流氓,挑是拨非,也在意中;但是自命先觉的胡适,什么时候也钻进帝国主义的魔窟中去了,报答他秀才对策的天恩;在他的信里面,有几句话:"……国际信义……条约关系……欺人之弱……乘人之危……"简直是要复辟了。精虫化的灰色酸秀才呵!我已明白你是一种矛盾的生物呢,我还在你无聊的我的儿子诗里,找出你自己的供状说:"我实在不要儿子,儿子自己来了。无后主义的招牌,于今挂不起了!"快伸出手来,我要打你手心一百下。

一九二四,一一,一九 国大教室

原载 1924 年 12 月 7 日《政治生活》

【注释】

① 此文署名 K. J。

② 胡先生，指胡适。胡适(1891-1962)，原名洪骍、嗣穈，参加留美考试时改名适，字适之。祖籍安徽绩溪，出生于上海。是著名学者，得多个博士学位。发动"五四"文学革命。回国后担任北京大学教授。是《新青年》的主要撰稿人之一。后来创办《每周评论》《努力周刊》。因写《多研究些问题，少谈些主义》而跟李大钊等发生论战。

③ 毛君，指《溥仪想做人——胡适不想做人》一文作者毛壮侯。

④ 关于胡适见溥仪事，当时报纸报道，1922年5月，胡适接到溥仪电话，说想请他进宫谈谈。为此胡适拜访了溥仪的"洋帝师"庄士敦，询问宫中情况。庄士敦说，溥仪近来颇能独立，自行其意，不久前还把辫子剪了，并且读过胡适的《尝试集》。胡适记载了会晤溥仪经过："我对他行鞠躬礼，他先在面前放了一张蓝缎垫子的大方凳子，请我坐，我就坐了。我称他'皇上'，他称我是'先生'。室中略有古玩陈设，靠窗摆着许多书，炕几上摆着《晨报》《英文快报》，(康)白情的《草儿》，亚东的《西游记》。他说他也赞成白话。谈及出洋留学的事，他说：'我们做错了许多事，到这个地位，还要糜费民国许多钱，我心里很不安。我本想谋独立生活，故曾要办皇室财产清理处。但许多老辈的人反对我，因为我一独立，他们就没有依靠了。'"胡适和溥仪谈二十分钟即行告辞。

帝国主义、军阀、国民党右派①

（1924年12月7日）

（一）帝国主义对于孙中山的要求：

英帝国主义的喉舌——香港《南华晨报》（South Chi-na Morning Post）十一月十四日有文论中山北上，其要义如下：上海《字林西报》告吾人，谓上海无须于孙。吾人亦可断言，孙若偕其共产友伴北上，上海必不容其登岸；即或许其暂驻，亦有小徐②之前例在，对孙随时可加以拘捕或放逐。

（二）军阀对于孙中山的要求：

安福机关报上海《商报》十一月十八日卷施君广州通信，中有一段其大意云：此次孙科赴奉，张作霖曾表示谓中山若驱逐共产派，则东三省自张以下政界各要人俱有加入国民党之可能。该通信且说：孙科赴奉之"成绩"，自以此为最显著！

（三）国民党右派对中山的要求：

本月四日孙先生到达天津的时候，《国风日报》③大放传单，其最得意之句云："惯行欺骗（！？）之陈独秀辈久置于国民党内，吾人敢断言北方民族之欢迎中山者，亦不过求以瞻仰丰采而已！"临了又似自夸功的说："在先生以为国民党的旧党员有暮气，没有朝气，不能奋斗；共产派的新党员有朝气，没有暮气，确能竞争。然而这一回国民军中央革命的义举（曹吴倒了，段张上台，这就是你们的成绩，你们尚夸是'革命'，可怜！），在帷幄中筹谋策略的，是国民党的旧党员，抑是共产派的新党员？在战线上执枪荷戈的，是国民党的旧党员，抑是共产派的新党员？若不详细审查明白，使国民党的旧党员，以这一回维护三民主义的战线，与共产派忠于三民主义之成绩，比较起来，终未必甘受共产党人的排挤,而不为自由护党之运动。"

军阀和帝国主义仇视中国最革命的分子(共产主义者),并欲破坏其与国民党之结合,这是毫不足怪的;因为此种结合的成立,正是国民革命势力很大的一步前进,当然使他们畏惧忌恨,且要用方法来破坏。反过来说,敌对帝国主义和军阀的势力,正是人民所当引为亲切的势力;共产主义者及其与国民党之结合愈为军阀帝国主义所忌恨,愈见得共产主义者是站在为独立自由奋斗的一边,愈见得他们与国民党的结合是使仇人畏惧的势力,愈见得应受民众之拥护。在此国民奋争之中,国民党右派不思宜如何服从中山先生来革命,如何来破坏军阀和帝国主义的势力,尽一点党员应有的义务;而独独是做一些和军阀帝国主义同调的事情,好像是互相呼应!当吴佩孚政府在北方"取缔赤化"的时候,右派则于八月二日在上海大散"提防赤化"的传单;现在又来了,又来和《南华晨报》、张作霖取一样呼声了。这样过分不堪的在民众面前暴露本相,我真替他们觉得有些可怜!

原载 1924 年 12 月 7 日《政治生活》

【注释】

① 本文署名 K.J.。

② 小徐,指徐树铮。

③《国风日报》,1911 年(宣统三年)3 月在北京创刊。创办人程家柽,社长兼总编辑白俞桓,后归景梅九,均山西籍人士。初创时以宣传反清革命为宗旨,辛亥革命后极力反对袁世凯独裁专制,因反对袁世凯称帝和张勋复辟,两次被查封。20 世纪 20 年代开辟《学汇》专制,成为无政府主义的一块重要阵地。山西几位青年作家高长虹、石评梅、荆肖麟等最初的作品都是在该报发表的。

怎样运用政权为人民谋幸福[1]

（1924年）

革命基本问题是怎样善于运用政权为人民创造真正的幸福、物质平等与生活自由。

夺取政权是第一步，正确发挥政权作用更为重要，善于运用政权主要是珍惜人民权利。我们革命不只是继往而着重开来，不择手段维持政权与运用权谋术数是革命的敌人。只有诚恳与永恒地为劳动群众，全面消除剥削与压迫，其他的任何形式独裁道路都走不得，如此才能免于堕落。否则彼此以诈伪相尚，革命便失去诚心，人民痛苦亦将原封不动。这样，以革命始必以反革命终，如此陈陈相因，实属出尔反尔，此与过去朝代更迭何异？何必多此一举！

原载《椿园载记》（三联书店，1984年9月版）

【注释】

① 本篇标题为原书稿编者所拟。发表时间据罗章龙回忆。

我　愿[①]

我是宝剑,

我是火花。

我愿生如闪电之耀亮,

我愿死如彗星之迅忽。

【注释】

① 见君宇死后石评梅为之所刻碑铭。题目是编者加的。

对石评梅说[1]

你还有什么不放心,我是飞入你手心的雪花,在你面前我没有自己。你所愿,我愿赴汤蹈火以表白,你所不愿,我愿赴汤蹈火以避免。朋友,假如连这都不能,我怎能说是敬爱你的朋友呢!这便是你所认为的英雄主义时,我愿虔诚地在你世界里,赠与你永久的骄傲。这便是你所坚持的信念时,我愿替你完成这金坚玉洁的信念。

我在医院里这几天,悟到的哲理确乎不少,比如你手里的头绳,可以揣在怀里,可以扔在地下,可以编织成许多时新的花样。我想只要有头绳,一切权力自然操在我们手里,我们高兴编织成什么花样,就是什么。我们的世界是不长久的,何必顾虑许多呢!

我们高兴怎样,就怎样罢,我只诚恳地告诉你"爱"不是礼赠,假如爱是一样东西,那么赠之者受损失,而受之者亦不见得心安。

【注释】

① 自石评梅《涛语》中辑出。据石评梅说,1925年元旦,她到医院去看望君宇,两人谈了不少话。此后,"我年前的两星期没有去看天辛","放了年假第二天的夜里",她收到"一封淡绿色的小信。拆开时是云弟寄给我的,他说:'天辛已好了,他让我告诉你,还希望你去看看他,在这星期他要搬出医院了。'"于是她去看了君宇。石评梅记下了两人的谈话情形,但这一段话特别标出,因而辑出。1925年的阴历正月初一是公历1月24日,这次会见既是在"放了年假第二天的夜里"收到云弟的信以后,当至迟在1925年1月20日前后。但据本书原编者所写《年表》,1月11日至22日,君宇以《向导》周报编辑的身份到上海出席了中共第四次全国代表大会,不在北京。石评梅所记时间或许有误,但这段话里是不能否定的。题目是编者所拟。

致石评梅书信(共十五封)

(1923—1925)

(一) 一九二三年四月十六日

评梅①先生：

十五号的信接着了,送上的小册子也接了吗？

来书嘱以后行踪随告,俾相研究,当如命；惟先生谦以"自弃"自居,视我能责以救济,恐我没有这大力量罢？我们常通信就是了！

"说不出的悲哀",这恐是很普遍的重压在烦闷之青年的□下一句话罢！我曾告你我是没有过烦闷的,也常拿这话来告一切朋友,然而实际何尝是这样？只是我想着：世界而使人有悲哀,这世界是要换过了；所以我就决心来担我应负改造世界的责任了。这诚然是很大而烦难的工作,然而不这样,悲哀是何时终了的呢？我决心走我的路了,所以,对于过去的悲哀,只当着是他人的历史,没有什么迫切的感受了,有时忆起些烦闷的经过,随即努力将他们勉强忘去了。我很信换一个制度,青年们在现社会享受的悲哀是会免去的——虽然不能完全,所以我要我的意念和努力完全贯注在我要做的"改造"上去了。我不知你为何而起了悲哀,我们的交情还不至允许我来追问你这样,但我可断定你是现在世界桎梏下的呻吟呵！谁是要我们青年走他们烦闷之路的？——虚伪的社会罢！虚伪成了使我们悲哀的原因了,我们挨受的是他结下的苦果！我们忍着让着,这样唉声叹气了去一生吗？还是积极的起来,粉碎这些桎梏呢？都是悲哀者,因悲哀而失望,便走了消极不抗拒的路了；被悲哀而激起,来担当破灭悲哀原因的事业,就成了奋斗的人了。——千里程途,就分判在这一点！

评梅,你还是受制于运命之神吗?还是诉诸你自己的"力"呢?

愿你自信:你是很有力的,一切的不满意将由你自己的力量破碎了!过渡的我们,很容易徬徨了,像失业者踯躅在道旁的无所归依了。但我们只是往前抢着走罢,我们抢上前去迎未来的文化罢!

好了,祝你抢前去迎未来的文化罢!

君宇,静庐

一六,四,一九二三。

(二) 一九二三年八月②

本来人与宇宙,感着的不见得说得出,说出的不见得写得出。口头与笔端所表示的,绝不是兴感的整个。就像我自己,跑遍了半个地球,国内东部各省都走过了。山水之美虽都历历犹在目中,但是要以口或笔形容他们,我总是做不出。有时我也找得最好的诗句,恨笔不在手底不能写出来,然而就是当时笔在手边又何尝写的出呢?好的诗句,是念不出的,更是写不出的。好的风景是画不出的,更是描不出。越是诗人,越多兴感,越觉得描写技短,又何怪你觉你游过的景物不可写出呢?然而我总愿世人应得把他的才能志愿,将宇宙一切图画了出来。你不笑这是个永不能达的妄想吗?……

(三) 一九二三年九月二十七日

评梅:

昨天的信我接读了。

我之所以提及副刊引文,并它招来的追问,原不过当一件消息报告,并不含丝毫怨怼你的意思。你为何跟从了俗尚的解释,要说那抱歉性质的话呢？我有好些事未曾亲口告人，但这些常有人代我公布了，我从未因这些生了不快；我所以微不释念的，只是他们常□甚其辞，使真相与传言不免起了分别；就如我们的交情，说是不认识，固然不是事实，然若说成很熟识的朋友，则亦未免是勉强之言；若有人因知我们书信频繁，便当我们是有深了解的朋友，这种被揣度必然是女士不愿意的，那岂不是很不妥当的事；我不释念的就在此点。如你果是"一点也不染这些尘埃"，那我自然释念，我自己是不怕什么的。至于他们的追问，我都是笑的回答了的；原亦不过些演绎的揣度，我已将实情告诉，只说我们不过泛泛的朋友，仅通信罢了。这样答法是否适当？至于他们问了些什么，很琐碎的，无须乎告你了。

我当时的感兴，或者是暂时的，原亦无告你的必要，不过我觉青年应是爽直的，忠实的话出之口头，要比粉饰的意思装在心里强得多。你坚壁深堑的声明，这是很需要的——尤其是在一个女性的本身；然而从此看出你太回避了一个心，误认它的声音是请求的，是希冀一种回应的了！如因这样一句话而使你起了慌恐的不安，那倒是一罪过，希望你告我，我当依你的意思，避开了一切。至于你问什么是新奇的感想，因你同时又说勿再讲及，这样，我亦觉得这过去刹那的火花，是否还留热种在否人间实一大疑问，亦求不提好了。

二十一号的信，我答应你详复的，现在已过数日，我想不需要了，可否许我不复它了？

祝你安健！

尚　德
九月二十七日

这信请阅毕付火。

（四）一九二三年十月三日

评梅：

我最近的信,你接了么?

想来如焚的怅惘,我觉得你确对我生了意见了。假使是实在的,恐是可发笑的二一事,因为我们都承认,我们仅不过是通信的朋友罢了!泛泛的交谊上,本是不值得令我们的心为了什么动气的,也是根本不能动气的。然而我总觉得生命应是平坦幸福而前进的,无论在那一方面,要求到最大的效能与最小的阻力;所以我觉不论我们是如何程度的了解,一些不安的芥蒂都应当努力扫除,不使任何一个幸福被了轻视,不使任何一个心的部分感了不安。我现诚恳地请你指明,容我扫除了已经存在的不安。又,我觉我当附尾提说一句,我所以要扫除"不安",是解释的,不是要求什么。你鉴谅么?祝好!

君　宇

十月十日

（五）一九二×年×月十二日

评梅先生：

今晚赴一会,经过了四小时很起劲的长辩之后,大家终于无决议的散了;归来一路不禁暗笑,觉众生理智大类聚蛆。及读君信,才使我心境得着了一些平静。

这平静是带着一种失散的茫然的回忆的,同时似乎比我鄙视的那种聚蛆的理智更可讪笑。

这是终究不当隐讳的,世上确有一个心祭献在宝座之前,但经再三表示这种祭献是一种失敬之后,人间的虔诚早已收葬在冰雪之窘了。彼从来不知失悔为何物之心，为招致在对方心中之不安而失悔了；而且决定努力消除此种不安了。前信绿波之及，全然是如此驱使，君书谓"因人之误会而误会"，我今日尚误会何为者？——愿君勿犹以为真有"使我恐怖者在"。请放心，我早不误会了！

我觉从前之平凡的情境，似较现在之隔膜为有生气的；我也觉人心的隔膜是应当打破的。但当了人世安于隔膜的时候，又何一定要回复那种平凡而有生气的情境？诅咒一切付了了解的努力好了！

我来与否原不必问君之"挡驾"与否，惟扰君清静则大可畏。关于诗的答信，尚须迟之异日。惟愿君清静，惟愿我过失一切话未在君心发生影响。

我近来性情也大变，易怒，喜独步；孤寂之言，不免开罪大雅，笑之可矣。

君　宇
十二日早二时

（六）一九二三年十月十五日

评梅：

由仲一③信中函来之书，我接读数日了。当了你正是忙的时候，我频频以书信搅扰，且提出一些极不相干的问题要你回答，想来应当是歉疚至于无地的。

你所以至今不答我问，理由是在"忙"以外的，我自信很可这样断定。我们可不避讳地说，我是很了解我自己，也相当的了解你，我们中间是有一种愿望（旁注：什么话？你或者是这样——）。它的开始，是很平庸而不惹注意的，是起自很小的一个关纽，但它像怪魔的一般徘徊着已有三年了。这或者已是离开你记忆之领域的一事，就是同乡会后吧,你给我的一信,那信具有的仅不过是通常的询问,但我感觉到的却是从来不曾发现的安怡。自是之后,我极不由己的便发生了一种要了解你的心。然而我却是常常提悬着,我是父亲系于铁锁下的,我是被诅咒为"女性之诱惑"的,要了解你或者就是一大不忠实。三年直到最近,我终于是这样提悬着!故于你几次悲观的信,只好压下了同情的安慰,徒索然无味的为理智的解劝;这种镇压在我心上是极勉强的,但我总觉不如此便是个罪恶。我所以仅通信而不来看你,也是畏惧这种愿望之显露。然而竟有极不检点的一次,这次竟将真心之幕的一角揭起了!在我们平凡的交情,那次信表现的仅可解释为一时心的罗曼,我亦随即言明已经消失,谁知那是久已在一个灵魂中孕育的产儿呢?我何以有这样弥久的愿望,像我们这样互知的浅鲜,连我自己亦百思不得其解。若说为了曾得过安慰,则那又是何等自私自利的动念?

理智是替我解释不了这样的缘故,但要了解的需求却相反的行事,像要剥夺了我一切自由般强横的压迫我。在这种烦闷而又躲闪的心情之下,我有时自不免神志纷纭,写给你的信有些古怪的地方;这又是不免使你厌烦或畏惧的。你所以不答那些,能不是为了这样吗?

但是,

朋友!请放心勿为了这些存心!不享受的供品,是世人不献之于神的;了解更是双方的,是一件了解则绝对,否则便整个无的事。相信我,我是可移一切心与力专注于我所企望之事业的,假使世界断定现下的心是可无回应的。我所以如是赤裸的大胆的写此信,同时也在为了一种被现在观念鄙视的辩护,愿你不生一些惊讶,不当它是故示一种希求,只当它是历史的一个真心之自承。不论它含蓄的是何种性质,我们要求宇宙承认它之存在与公表是应当的,是不当讪笑的,虽然它同时对于一个特别的心甚至于可鄙弃的程度。

祝你好罢,评梅!

君　宇　十月十五日

勿烦琐地讲这些了,谈一件正事罢。想他们已通知你,《平民》④已定廿号复活了。第一期请你做稿,你可有工夫吗?

又及。

(七) 一九二三年十月十七日

评梅:

寄《平民》的稿收到了,敬谢!

你的原稿,排列上似乎偏单,我大胆把它重新排列了;现录上请你一看。请你择定示知,登原稿呢,还是登第二稿呢?如用第二稿,还须你修改,因为我觉收句太重了,音节更勉强。

祝好!

尚德敬白　十七日

请原谅我不客气⑤

烟雾迷漫,

波涛汹涌,

青年的舵工呵!

小心操着你的船儿,

驶向人类希望之岸。

(八) 一九二三年十二月十四日

可敬爱的朋友:

你的承受落空了!

你承受的是什么?是讪笑么?——是的,我讪笑了,而且很鄙视的讪笑了;但这是对于先生信的么,更是对于先生本身么?

这是很容易辨别的,我讪笑的只是我当时的心境,只是读了先生信后所得着的平静。我当时似风波统治了的心海,被来信转换成几于死寂的沉静,这种不武的清境太落伍了,还仅止是可讪笑么?——仅止是个讪笑,已经是太自鉴谅了。

　　天外飞来的慌恐,想不到这种自责竟被先生误会了!——不但视我对来信不尊重,且对先生本身不尊重了。

　　再让我诚恳地说,可敬爱的朋友,你误会我的句意了。

　　但我们不必坚持一定要将此点判明罢!误会原与我们没有害处,像我们无须要了解的人们,误会了实在不成干系;而且就在这样误会之下,先生犹深谅我,"仍二十四分尊重你高尚人格",我只该无语的感谢好了!

　　我的心不但人"不知",我自己也不全了解;人不解海涛为何忽起忽灭,我更不解自然何故要这样多事。或者我们可以想:只是因那里有个心罢,只是因那里有个海罢!

　　或者因为海太深而宽了,故当了陆上风起的时候,巨波乃如山之起伏。朋友,海涛之起伏是神秘而不可了解的么?——了解那里有一个海是了。

　　因为有心,而且这心中有罗曼舞蹈着,所以这心就不可了解了吗?

　　因为有海,而且这海中有巨涛起伏着,所以这海就不可测了吗?

　　可敬爱的朋友!

　　我主观的要求不是——

　　请你不误会我,而且了解我吗?

　　然而,这又是于己为罗曼,对人太失礼了。假使世上又出现了这样突峰,不是更可讪笑了吗?

　　朋友,假使我过去的话有使你不快的,或曾生了什么影响的,你只努力将它们忘了吧!——我绝不有什么痛苦。

忘了好了！评梅，评梅！

> 君 宇
> 十二月十四日午后
> ——接来信后之一小时内

（九）一九二三年十二月十八日⑥

纪念会忙了两天，把我疲极了。这种结束似于我极有补益，因为身被忙碌占去，神思再不得去专注一些绞思，陷入空洞无可依托的烦闷。已是好的一个经验，我们或者可以进一步说：烦闷的避免，就在人们不停地工作中呀！

原谅我未早通知你，我已移居四日了；移居后还未到过静庐一次，不知你有信寄到那边否？我新居是腊库十六号，此虽不是二年前之故窝，但梅园时代之生活又不禁追忆起来，我们那时平凡又疏淡的通信，实具了一种天真而忠实的可爱。我很痛心，此种情境现被了隔膜了！

我们还可以回复到那种时代么？——我愿！

> 十二月十八日

（十）一九二三年十二月二十三日

评梅：

蒙你竭诚劝说，我当深深地为伊感谢。惟爱情胡可勉强者？——无爱情而勉强结合，是轻爱情而重伦道，且必增益伊之痛苦；我心今日固空洞无依，然觉此痛苦犹小于与一不爱之人相处；若设身处地，伊又何能不感如此？君亦何不为我设想者？

若谓此为残忍不人道,诚为人间一种极可抱憾之事。惟此当罪制度,问彼何为要干预人间结合;若责我,则我亦啮残下之牺牲者,又当向何处诉说?自然我也极对不起伊,惟其感觉如此,故常思解伊出我们之束缚;数月来更决念:"若我心得回应者,伊我桎梏必须破除。"在我则觉如是方对得起伊,在君不将以之为更不人道耶?

吾们处此过渡时代,那能不有痛苦?不使痛苦增加扩大,我们的能力恐怕就够做了;那能使痛苦免除净尽呢!在今日"说不觉悟却又似明了,说觉悟却又不彻底"的思想进程之下,究还有几多人能安心于纯制度的生活,而不感觉性的关系之外还有爱情之需要?究能有几多人能放弃制度地位于不顾,而只以得到爱情生活为满足?评梅,陷入此两种痛苦者多矣,吾人虽欲求之,又胡能救之?

若君之劝说,在恐我将来又不免纠缠,故急切为自己摆脱,此则大可不必。我心中如何是一事,我要求与否又是一事;我前已讲得很明白,请放心好了!

我当为己计者少,为君计者多,近日精神虽不振如极倦,知君已恢复平静无恐怖之情景,则不禁雀跃喜欣为君祝贺。

人生悲欢,梦里云烟耳,心衣血痕何妨洗却?吾心已为 Venus 之利箭穿贯了,然我决不伏泣于此利箭,将努力去开辟一新生命。惟我两人所希望之新生命是否相同?我愿君告我君信所指之"新生命"之计划,许否?

我现在心中无烦念,更无痛苦,望勿以为念;但愿你无痛苦!我们隔膜完全去了,世界平静了,人间公正之心应当笑了。

K. J.
十二月二十三日夜

温家夫妇南行,我抑或去送行。

写完信忽忆起一事,在我历史上乃有三个"梅"字,不妨写来博君一笑,即:

梅——梅园——评梅

（十一）一九二三年×月×日⑦

我泣而却礼衣,父怒极而昏,我此时忽甚怜谅瘦父,念我胡不可牺牲,此念一萌,此后一切事殆都在梦境,任听他们摆布矣。婚后我大病,病渐痊,母谓我曰:"儿何为不满意者?汝妇殊美好也。"我至是始端视吾妇,觉母言甚确;越日伊侍我病,乘间谓我无心与伊,伊故作不解;再言之, 始曰:"然则我将累君一生矣！"我曰:"一生耶？——汝更苦耳！"伊至是泣曰:"我命定耳,尤谁？"我彼时忽觉其人何以懦弱至于如是,乃不免顿生鄙视意,至此我两人间之了解乃完全隔绝矣。病痊,我托词移地静养,家人亦知我家居心情甚恶,许我外出,又谁知我从此一去不复归耶！我到省数函求父亲释放此可怜之女子,父答则谓我法适杀伊耳。我此后数次甚病,常觉如有桎梏附身,十九岁一年病咳血几死,决念我虽不认伊为余妻,然此生此心不与人矣。余抱此信心者数年,中经五四罗曼花盛开之时代,女友至好多人,且经二次结同心之邀,而徒以宿志在心,虽感激饮恨至于无地,亦皆不得不勉强示以铁面;不意此铁志至今日竟如粉之碎于君前也！

吾人虽通信三年,事极平淡,相晤谈者仅止一面,而乃令我生如是热求,诚非天地间之奇事耶？在我发觉有是要求之初,每作烦想,觉种种烦恼常萦脑际,常自问伊亦如我心否？果伊亦如我心者,我将何以待伊？同时又念:我不将父母的桎梏除下,将宫廷打扫干净,又将何以迎伊？每每焦念,辄至心臆如焚。有时想得不可开交,又悔我不当有示君以心之信。有时感情制胜,却又觉甘心之祭献为何要埋葬不呈于座前？如此极端焦念,两相战斗:理智胜,则觉以我之身求君之相爱,实为一种莫大之罪戾;情感胜,则任罗曼之驰骋于花原草间,直至视到蹧践自然而始悟。故有如君所谓"或远或近,若即若离"也。吁嗟夫,此岂得已耶?苟无如是束缚,我将只有两途,爱与死耳。

君信谓"从未一改昔日态度",又谓"愿我自珍自爱的朋友,也绝不肯出此下策溺我于不义"。我虽罗曼至于何等天地,亦绝不至过不懂事理,使君不安,使君对于君所痛惜之历史有所辜负。望君相信,我遵从君之指示,不再以君所不愿者相强矣!

至于我心如何,我将作何处置,君可置之勿问。"将心寄托于其他"之他字……(下佚)

(十二) 一九二四年一月×日

评梅:

祭灶之夜二时的信,我接着了。你读了我的信,于积悃舒展之中,忽不免"惨然泣……",使我非常难过!事至于今,你当永远相信:我心灵虽不能自禁为君而焚烧,且将是永远赤炽的焚烧,但我总决不再为君所不愿之要求了;为了使你得着安慰,为了不妨害你对过去之忠实,……(下佚)

(十三) 一九二四年九月二十二日[8]

评梅:

你中秋前一日的信,我于上船前一日接到。此信你说可以做我惟一知己的朋友。前于此的一信又说我们可以做以事业度过这一生的同志。你只会答复人家不需要的答复,你只会与人家订不需要的约束。

你明白地告诉我之后,我并不感到这消息的突兀,我只觉心中万分凄怆！我一边难过的是：世上只有吮血的人们是反对我们的，何以我惟一敬爱的人也不能同情于我们？我一边又替我自己难过，我已将一个心整个交给伊，何以事业上又不能使伊顺意？我是有两个世界的：一个世界一切都是属于你的，我是连灵魂都永禁的俘虏；在另一个世界里，我是不属于你，更不属于我自己，我只是历史使命的走卒。假使我要为自己打算，我可以去做禄蠹了，你不是也不希望我这样做吗？你不满意于我的事业，但却万分恳切的劝勉我努力此种事业；让我再不忆起你让步于吮血世界的结论，只悠久的钦佩你牺牲自己而鼓舞别人的义侠精神！

我何尝不知道：我是南北飘零，生活日在风波之中，我何忍使你同入此不安之状态。所以我决定：你的所愿，我将赴汤蹈火以求之；你的所不愿，我将赴汤蹈火以阻之。不能这样，我怎能说是爱你！从此我决心为我的事业奋斗，就这样飘零孤独度此一生，人生数十寒暑，死期忽忽即至，奚必坚执情感以为是。你不要以为对不起我，更不要为我伤心。

这些你都不要奇怪，我们是希望海上没有浪的，它应当平静如镜；可是我们又怎能使海上无浪？从此我已是傀儡生命了，为了你死，亦可以为了你生，你不能为了这样可傲慢一切的情形而愉快吗？我希望你从此愉快，但凡你能愉快，这世上是没有什么可使我悲哀了！

写到这里，我望望海水，海水是那样平静。好吧，我们互相遵守这些，去建筑一个富丽辉煌的生命，不管他生也好，死也好。

（十四）一九二四年十一月⑨

我虽无力使海上无浪，但是经你正式决定了我们命运之后，我很相信这波涛山立狂风统治了的心海，总有一天风平浪静，不管这是在千百年后,或者就是这握笔的即刻;我们只有候平静来临,死寂来临,假如这是我们所希望的。容易丢去了的,便是兢兢然恋守着的;愿我们的友谊也和双手一样,可以紧紧握着的,也可以轻轻放开。宇宙作如斯观,我们便毫无痛苦,且可与宇宙同在。

双十节商团袭击,我手曾受微伤。不知是幸呢还是不幸,流弹洞穿了汽车的玻璃,而我能坐在车里不死!这里。我还留着几块碎玻璃,见你时赠你做个纪念。昨天我忽然很早起来跑到店里购了两个象牙戒指;一个大点的我自己带在手上,一个小的我寄给你,愿你承受了它。或许你不忍吧!再令它如红叶一样的命运。愿我们用"白"来纪念这枯骨般死静的生命。……

(十五)一九二五年一月二十九日⑩

珠⑪!今⑫天是我们去游陶然亭的日子,也是我们历史上值得纪念的日子。我们的历史一半写于荒斋⑬,一半写于医院⑭,我希望将来便完成在这里。珠!你不要忘记了我的嘱托,并将一切经过永远记在心里。

我写在城根雪地上的字,你问我:"毁掉吗?"随即提足准备去踏;我笑着但是十分勉强地说:"踏去吧!"虽然你并未曾真的将它踏掉,或者永远不会有人去把它踏掉;可是在你问我之后,我觉着我写的那"心珠"好像正开着的鲜花,忽然从枝头落在地上,而且马上便萎化了!我似乎亲眼看见那两个字于一分钟内,由活体立变成僵尸;当时由不得感到自己命运的悲惨,并有了一种送亡的心绪!所以到后来橘瓣落地,我利其一双成对,故用手杖掘了一个小坑埋入地下,笑说:"埋葬了我们罢!"我当时实在是祷告埋葬了我那种悼亡的悲绪。我愿我不再那样易感,那种悲绪的确是已像橘瓣一样的埋葬了。

我从来信我是顶不成的,可是昨天发现有时你比我还不成。当我们过了葛母墓地往南走的时候,我发觉你有一种悲哀感触,或者因为我当时那些话说的令人太伤心了!唉!想起了"我只合独葬荒丘"的话来,我不由得低着头叹了一口气。你似乎注意全移到我身上来笑着唤:"回来吧!"我转眼看你,适才的悲绪已完全消失了。就是这些不知不觉的转移,好像天幕之一角,偶然为急风吹起,使我得以窥见我的宇宙的隐秘,我的心意显着有些醉了。后来吃饭时,我不过轻微地咳嗽了两下,你就那么着急起来;珠!你知道这些成就得一个世界是怎样伟大么?你知道这些更使一个心贴伏在爱之渊底吗?

在南下洼我持着线球,你织着绳衣,我们一边走一边说话,太阳加倍放些温热送回我们;我们都感谢那样好的天气,是特为我们出游布置的。吃饭前有一个时候,你低下头织衣,我斜枕着手静静地望着你,那时候我脑际萦绕着一种绮思,我想和你说;但后来你抬起头来看了看我,我没有说什么,只拉着你的手腕紧紧握了一下。这些情形和苏伊士梦境归来一样,我永永远远不忘它们。

命运是我们手中的泥,我们将它团成什么样子,它就得成什么样子;别人不会给我们命运,更不要相信空牌位子前竹签筒中瞎碰出来的黄纸条儿。

我病现已算好,那能会死呢!你不要常那样想。

【注释】

① 评梅,即石评梅(1902-1928),原名汝璧。现代著名女作家、诗人。山西平定县人。自幼聪慧,一直跟父亲在太原读书,1919 年考入北京女子高等师范学校,毕业后留在附中教书。1921 年开始发表作品,有诗、小说、散文等多种形式,主编过《妇女周刊》《蔷薇周刊》。

② 此信据《石评梅选集·西湖的风景》,1983 年 9 月山西人民出版社出版。原信无首尾,无署名。

③ 仲一,指王仲一,即王振翼(1901-1931),山西天镇县小盐厂(今属河北省阳原县)人,中共山西地方组织主要创始人之一。

④《平民》,指《平民周刊》,见本书《对于列宁主义的误解》注 ①。

⑤ 编者按:信后所附高君宇修改石评梅诗的句子中改动处如下:"烟雾迷漫"

四字前删去"在"字,"波涛汹涌"四字后删去"的海上"三字,"青年的舵工呵!"在"舵工"前删去"勇毅"二字,"小心操着你的船儿"句,"你"后删去"宝贵"二字,将原文"孤舟"改为"船儿"。

⑥ 此信原件无首尾,无署名。

⑦ 此信原件缺首尾。

⑧ 此信选自《石评梅作品集·梦回寂寂残灯后》,原信缺首尾。书目文献出版社1983年8月出版。

⑨ 此信选自《石评梅作品集·象牙戒指》,书目文献出版社1983年8月出版。原信缺首尾。

⑩ 此信选自《石评梅作品集·我只合独葬荒丘》,书目文献出版社1983年8月出版。原信缺首尾。

⑪ 珠即心珠,为石评梅乳名。

⑫ 石评梅《我只合独葬荒丘》,此字为"昨"。

⑬ 荒斋即"梅窠",又称"凄凉梅窠",是石评梅于国立北京女子高等师范学校体育科毕业后就职北师大附中的住所。

⑭ 指北京协和医院。当时高君宇患病住该院治疗。

致石评梅残简一封[①]

宇宙中我原知道并莫有与我预备下什么,我又有什么系恋呵——在这人间,海的波浪常荡着心的波浪,纵然我伏在神座前怎样祝祷,但上帝所赐给我的——仅仅是她能赐给我的。世间假若是空虚的,我也希望静沉沉常保持着空寂。

朋友,人是不能克服自己的,至少是不能驾御自我的情感,情感在花草中狂骋怒驰的时候,理智是镇囚在不可为力的铁链下,所以我相信用了机械和暴力剥夺了的希望,是比利刃剥出心肺还残忍些!不过朋友!这残忍是你赐给我的,我情愿毁灭了宇宙,接受你所赐给我的!

【注释】

① 自石评梅致陆晶清信中辑出。见《石评梅文集》第3卷《梅笺》之三。

致岳父李存祥①

(1924年6月24日)

岳父老先生：

我此次决定离婚，业已向令爱言明，想令爱于见时必将此事陈明矣。我之所以有如是决定，自信为我自己设想者少，为令爱设想者实多。盖我自与令爱结褵至今，始终觉吾二人不能相合，且我久为在外奔驰之人，如是情境，实不啻堕我两人入愁城苦雨之中。然我乃四方远游之人，若果以异乡为家，随在何不可得新妇以为终身之侣？所苦者惟清窗独守之令爱耳！若使常类吾家佣役，厮养以终天年，令爱亦人耳，于人道之谓何？我惟为令爱终身计，为人道计，故毅然决定与令爱离婚，今且特正式向长者提出也。我辜负令爱十年，几误尽其青春岁月，我不愿更蹉跎下去，致使异日更增加今日之追悔，故愿亟觅解决之道，且以为最适当莫过于离婚再嫁；长者岂亦以令爱与我之情境为满足，而一未计及令爱将来之了局乎？此事自不免为乡俗所非议，然使令爱坑葬一生佳乎，抑另开一新生命之为愈耶？愿长者为令爱深较其利害得失也！此番归家，本拟登府请安，惟迫于时间短促，未能如愿，今且以事成行矣，未及向长者亲将此事言明，思之良久歉然！惟可藉寸楮以告长者，即我已坚决决定与令爱离婚，迟疑无须，愿长者察之也。

敬祝康健！

高尚德上
(民国)十三年六月二十四日

【注释】

① 这封信是高君宇于 1924 年 6 月 24 日在太原所写。高君宇十几岁时,由家长依照封建习俗包办婚姻,迫令他与本县神峪村李存祥之女李寒心结婚。当时高君宇抗议无效,"婚后大病",又"托词移地静养","一去不复归",并数写信要求其父"释放此可怜女子",但由于家庭阻拦,未能解决。高君宇对此事的态度与心情在致石评梅信中有较详尽的表露。

附 录

一 悼念高君宇的文章

悼我们的战士——高君宇同志

其　颖

青年所敬爱的战士高君宇同志忽于三月五日病殁于北京！这恐怕是一切他的作战的伴侣们的意外之事罢！

君宇，山西人，曾肄业于北大，在五四运动中，是一个强有力的健将；对于中国革命问题和中国的政治经济状况，均有深切明确的见解，最早在北方即从事于职工运动。

一九二一年冬，离开北大，赴俄京莫斯科出席"远东民族会议"，反对国际帝国主义侵略中国的分赃会议——太平洋会议。他留俄京数月，参加国际青年运动，谋东方被压迫青年与西方劳苦青年群众的团结。当时他极热心的研究共产主义的理论与经验。不久即回国内，投身于民族革命运动，在《向导》与《政治生活》等刊物中，做了不少的理论上的指导。他对于中国的青年运动，有极大的努力。

这是他过去的事略。在这很短的事略中，可以看出他那热烈的革命精神。现在，君宇同志没有了！但他那热烈的革命精神，仍徘徊于吾人之前！

原载 1925 年 3 月 28 日《中国青年》第 3 集第 72 期

【注释】

① 其颖，即贺昌（1906-1935），山西省离石县柳林镇（今属柳林县）人，山西青年运动杰出的领导人之一。

为高君宇逝世五十七周年而作

罗章龙

"二七"斗争之役，中共北方区同志共勷其事，事后予编著《京汉工人流血记》以纪经过，并自写书序，复由君宇作后序，其文真知灼见，名论不勘。此书出版后，使京汉工人争取民主自由精神流布海内，气吞河岳，炳若日星，永留丰碑。

人事沧桑，忽忽已五十七年，感旧怀人，率赋：

论文八载忆红楼，
笔阵纵横荡九州。
京汉工人流血记，
千秋碧血赋同仇。

1981年2月7日于北京，时年85岁

悼我们的战士①

（1925年3月14日）

呜呼！本报记者高君宇同志，忽于本月6日病殁于北京！君宇再不能以文字与读者诸君相见了！但他那热烈的革命精神永留在本报，也便永留在读者诸君的记忆之中！

呜呼！君宇死了！君宇的精神仍时时在读者诸君的前面徘徊着呵！

原载1925年3月14日《向导》周报第106期

【注释】

① 这是《向导》周报悼念高君宇的文章。高君宇曾协助蔡和森主办过该刊物。

追悼高君宇启事

（1925年3月26日）

同学高尚德字君宇，从事民众运动七八年来无间歇，久而益厉，勇猛有加；其弘毅果敢，足为青年模范。不料忽患急性盲肠炎症，竟于三月五日①长逝于协和医院。痛惜！兹定于本月二十九日（星期日）上午九时在第三院大礼堂开追悼会。凡属师友，如有哀挽或纪念文件，请先期送交东斋舒大桢君代收，是为至祷。

（高君事略，明日登出纪事）

原载1925年3月26日《北京大学日刊》

【注释】

① 编者按：高君宇准确的病逝时间应为3月6日凌晨2时。

追悼高君宇

（1925年3月28日）

日期：本月二十九日（星期日）上午九时。
地点：第三院大礼堂。
哀挽文件：先期送东斋舒大桢君代取。

高君宇传略

君宇名尚德；体健而肥；貌皙；容温；秉心优越，能无动于忧戚；

不知者当以为一弱书生耳。昔五四救国运动，君宇为北大学生代表，奔走甚力。自是以还，颇著意于改革社会；先后为《向导》《政治生活》编辑。全球之帝国主义蝇集华盛顿，协议割制世界弱小民族时，远东革命青年会乃开幕于莫斯科，谋与之抗，君宇实为我国出席代表之一；盖其薪响革命，志早决矣。

君宇家固裕如，衣食颇足自给，五四以前，尚碌碌若纨绔子也；虽然素服膺共产主义，尽力运动，备尝艰苦，而迄于死，是又岂一纨绔子所能为者？国内帝国主义者之鹰犬万方罗织，与同志屡遭煎迫，往往辗转东西，劳顿于亡命。吴萧戕工人之后，北京当道曾衔命搜索，君宇与焉，即所谓高盛德也。市衢要道，密布探捕；君宇往来自若，为徒步如无事，探者见亦不能识其为高君宇也；镇定机警，有过人者。已而避地沪上，客路劬劳，与居无常轨。病机已潜伏矣！旋返北京，以血管破裂，就治德国医院，凡二月乃愈；时正被选为北京国民会议促成会出席全国代表大会代表，多所建树。忽于全国代表大会成立后三日，急性盲肠炎症暴发，入协和医院剖治，不效；三月六日上午二时四十分竟长逝矣！呜呼！方君宇出德国医院，同志有语之者曰："吾侪工作，亟宜努力！"君宇默然久之，曰："工作固当努力！惟此数架机器不堪耐用何！"今果成其自谶，悲夫！

君宇既倾心革命事业，亲□自不乐其所为，数年以来，飘泊无定址，几与家庭相绝。妻某氏，新离异。居京中，与某女士相得甚欢，方欲共同生活，而君宇□残！

君宇生平虽无足多，然而为主义奋斗，奋斗成疾，疾发而不能治，岂不伤哉！君宇以民国纪元前十五年，清光绪丙申八月二十六日生于山西静乐县南乡，殁之年仅三十。二十六岁卒业于北大，任助教一年。

同人将葬之京师陶然亭云。

原载1925年3月28日《北京大学日刊》

征求高君宇遗著启事

(1925年4月9日)

君宇数年来的工作,表现出来他不仅是一个革命实行家,也是一个革命议论家。散见于各种刊物的论文,实有保存价值。特此知告君宇的戚旧知交,如有君宇遗著,请即掷交北大东斋舒大桢先生,或骑河楼华成公寓张叔平先生代收。以便刊印成书,永资纪念。

追悼高君宇筹备处启

原载1925年4月9日《北京大学日刊》

二　石评梅的悼念诗文、挽联

挽　联①

君宇千古
碧海青天无限路；
更知何日重逢君。

评梅挽

【注释】

① 石评梅此挽联，追悼会后原件存于高君宇原籍家中，因历经变故，下落不明。此系其弟高全德依据家人记忆笔录。

挽　词

梦魂儿环绕着山崖海滨，
红花篮青锋剑都莫些儿踪影。
我细细寻认地上的鞋痕，
把草里的虫儿都惊醒。
我低低唤着你的名字，
只有树叶儿被风吹着答应。
想变只燕儿展翅向虹桥四眺，
听听那里有马哀嘶，
听听那里有人悲啸。

你是否在崇峻的山峰，
你是否在浓森的树林。
呵！刹那间月冷风凄，
我伏在神帐下忏悔。
为了往日的冷落，
才感到世界的枯寂。
只有明月吻着我的散发，
和你在时一样；
只有惠风吹着我的襟角，
和你在时一样。
红花枯萎，宝剑葬埋，你的宇宙被马蹄儿踏碎。
只剩了这颗血泪淹浸的心，交付给谁？
只剩了这腔怨恨交织的琴，交付给谁？
听清脆的鸡声，唱到天明，
雁群在云天里哀鸣。
这时候，君宇，君宇，你听谁在唤你；
这时候，凄凄惨惨，你听谁在哭你。

评梅再挽

附注：

高全德同志关于石评梅悼念高君宇所写《挽词》抄件和石评梅未能参加高君宇同志追悼会的两点说明：

一、关于《挽词》

前面是评梅亲笔题写在横幅白布上的一首挽词，曾悬挂在1925年3月29日在北京举行的高君宇追悼会上，会后收存在娄烦县（原静乐）峰岭底君宇原籍家里。解放前，动乱年代，历经变故，原件失落不明，这是村人发觉后，偷抄保留下来的文物。

（全德附志　1982年10月23日）

二、关于评梅未能参加高君宇同志追悼会的情况

邓颖超同志在《为题〈石评梅作品集〉书名后志》中已经写到当时去参加追悼会,希望能够见到女作家评梅,但是那天评梅并没有参加追悼会,可能因为她悲痛过甚而不能参加。读了邓颖超同志的文章后,当年在北京参加料理兄长高君宇丧事的高全德同志,1982年10月30日在一封信中特别就此事依据回忆做了进一步具体说明:"记得当年追悼会上,评梅确是没有到会。她本来是要参加追悼会的,当她来到骑河楼的时候,乃贤、庐隐、晶清……我们商量,因为君宇的死,她已晕厥过几次,不能再让她过分增加悲痛而阻止了。但这又何能抑制住她心底的悲痛呢?"由上述情况可知,评梅写的碑文、挽词、挽联都照她的心愿张贴于会场,她被友人劝阻而未去参加追悼会。

原载《石评梅作品集》,书目文献出版社1983年8月版

痛哭英雄

心　珠①

假如这是个梦,
　　我愿温馨的梦儿永不醒;
假使这是个谜,
　　我愿新奇的谜儿猜不透,
　　闪烁的美丽星花,
　　哀怨的凄凉箫声,
　　你告诉我什么?
他在人间还是在天上?

我不怕你飘游到天边,

天边的燕儿,
　　可以衔红笺寄窗前,
我不怕你流落到海滨,
海滨的花瓣,
　　可以漂送到我家的河边。
这一去渺茫音信沉,
　　唤你哭你都不应!
英雄呵!
　　归不归由你,
　　只愿告诉我你魂儿在那里?

你任马蹄儿践踏了名园花草,
　　又航着你那漂流无归的船儿,
向海上触礁!
　　迅速似火花的熄灭,
　　倏忽似流星的陨坠;
　　悄悄地离开世界,
　　走到那死静的湖里。

我扬着你爱的红旗,
　　站在高峰上招展的唤你!
我采了你爱的玫瑰,
　　放在你心上温暖着救你!
　　可怜我焚炽的心臆呵!
　　　希望你出去远征,
　　　疑惑你有意躲避。
但陈列的死尸他又是谁?
　　人们都说那就是你!

冰冷僵硬的尸骸呵！
　　你莫有流尽的血，
　　　是否尚在沸腾？
你莫有平静的心，
　　是否尚在跃动？
我只愁薄薄的棺儿，
　　载不了你负去的怨恨！
我只愁浅浅的黄土，
　　埋不了你永久的英魂！

你得到了永久的寂静，
　　　一撒手万事都空。
只有我清癯的瘦影，
　　徘徊在古庙深林；
只有我凄凉的哭声，
　　漂浮在云边天心。
　　你既然来也无踪，
　　　　去也无影；
又何必在人间寻觅同情？

这世界只剩了凄风黄沙，
我宛如静夜里坟上的磷花；
　　朦胧的月儿遮了愁幕，
　　　幽咽的水涧似乎低诉？
这不过一副薄薄的棺，
　　阻隔了一切，
　　　比碧水青山都遥远！

啊！梦吗？似真似幻？

原载1925年4月1日《京报副刊·妇女周刊》第16期

【注释】

① 心珠,石评梅乳名。

天 辛①

到如今我没有什么话可说,宇宙中本没有留恋的痕迹,我祈求都像惊鸿的疾掠,浮云的转逝;只希望记忆帮助我见了高山想到流水,见了流水想到高山。但这何尝不是一样的吐丝自缚呢!

有时我常向遥远的理智塔下忏悔,不敢抬头;因为瞻望着遥远的生命,总令我寒噤战栗!最令我难忘的就是你那天在河滨将别时,你握着我的手说:

"朋友! 过去的确是过去了,我们在疲倦的路上,努力去创造未来罢！"

而今当我想到极无聊时, 这句话便隐隐由我灵魂深处溢出,助我不少勇气。但是终日终年战兢兢地转着这生之轮,难免有时又感到生命的空虚,像一只疲于飞翔的孤鸿,对着苍茫的天海,云雾的前途,何处是新径? 何处是归路地怀疑着,徘徊着。

我心中常有一个幻想的新的境界, 愿我自己单独地离开群众,任着脚步,走进了有虎狼豺豹的深夜森林中,跨攀过削岩峭壁的高冈,渡过了苍茫扁舟的汪洋,穿过荆棘丛生的狭径……任我一个人高呼,任我一个人低唱,即有危险,也只好一个人量力挣扎与抵抗。求救人类,荒林空谷何来佳侣? 祈福上帝,上帝是沉默无语。我愿一生便消失在这里,死也埋在这里,虽然孤寂,我也宁愿享兹孤苦的。不过这怕终于是一个意念的幻想,事实上我又如何能这样,除了蔓草黄土堙埋在我身上的时候。

如今,我并不恳求任何人的怜悯和抚慰,自己能安慰娱乐自己时,我便去追求着哄骗自己。相信人类深藏在心底的,大半是罪恶的种子,陈列在眼前的又都是些幻变万象的尸骸;猜疑嫉妒既狂张起翅儿向人间乱飞,手中既无弓箭,又无弹丸的我们,又怎能奈何他们呢?辛!我们又如何能不受伤负创被人们讥笑。

过去的梦神,她常伸长玉臂要我到她的怀里,因之,一切的凄怆失望像万骑踏过沙场一样踩躏着我。使我不敢看花,看花想到业已埋葬的青春;不敢临河,怕水中映出我憔悴的瘦影;更不敢到昔日栖息之地,怕过去的陈尸捉住我的惊魂。更何忍压着凄酸的心情,在晚霞鲜明,鸟声清幽时,向沙土上小溪畔重认旧日的足痕!

从前赞美朝阳,红云捧着旭日东升,我欢跃着说:"这是我的希望。"从前爱慕晚霞,望着西方绚烂的彩虹,我心告诉我:"这是我的归宿。"天辛呵!纵然今天我立在伟大庄严的天坛上,彩凤似的云霞依然飘停在我的头上;但是从前我是沉醉在阳光下的蔷薇花,现在呢,仅不过是古荒凄凉的神龛下,蜷伏着呻吟的病人。

这些话也许又会令你伤心的,然而我不知为什么似乎一些幸福愉快的言语也要躲避我。今天推窗见落叶满阶,从前碧翠的浓幕,让东风撕成了粉碎;因之,我又想到落花,想到春去的悠忽,想到生命的虚幻,想到一切……想到月明星烂的海,灯光辉煌的船,广庭中婀娜的舞女,琴台上悠扬的歌声;外边是沉静的海充满了神秘,船里是充满了醉梦的催眠。汹涌的风波起时,舵工先感恐惧,只恨我的地位在生命海上,不是沉醉娇贵的少女,偏是操持危急的舵工。

说到我们的生命,更渺小了,一波一浪,在海上留下些什么痕迹!

诞日,你寄来的象牙戒指收到了。诚然,我也愿用象牙的洁白和坚实,来纪念我们自己静寂像枯骨似的生命。

选自《石评梅作品集·散文》,书目文献出版社1983年2月版

【注释】

① 天辛,高君宇笔名。

祭献之词

醒来醒来我们的爱情之梦,
惠馨的春风悄悄把我唤醒!
时光在梦中滔滔逝去无踪,
生命之星照临着你的坟茔。

溪水似丝带绕着你的玉颈,
往日冰雪曾埋过多少温情?
你的墓草青了黄黄了又青,
如我心化作春水又冻成冰。

啊坟墓你是我的生命深潭,
恍惚的梦中如浓醴般甘甜;
我的泪珠滴在你僵冷胸前,
丛丛青草植在你毋忘心田。

世界已捣碎毁灭不像从前,
我依然戴青春不朽的花冠;
我们虽则幽明只隔了一线,
爱的灵魂永远在怀中睡眠。

天空轻轻颤荡着哀悼之曲,

比晚涛钟声更幽怨更凄切；
为了你我卸去翱翔的双翼，
不管天何年何日叫我归去。

我虔诚献给你这百合花圈，
惨惨的素彩中灵魂在回环；
不要问她命运将来受摧残，
只珍藏这颗心千古在人间。
一九二七年三月五日君宇二周〈年〉忌日
原载 1927 年 3 月 19 日《语丝》第 123 期

三 老一辈革命家悼念、回忆高君宇的文章

山西建党初期的一些情况①

彭 真

山西早期党的领导人

讲山西党史,就要先讲太原。讲太原,又首先要讲北京,讲高君宇。高君宇即高尚德,是山西静乐(今娄烦)人,他是李大钊的亲密助手,是山西早期党的领导人,山西共产主义启蒙运动的领袖。山西最初的团员、党员,有些是高君宇在北京决定发展的。

1984年,山西拍电视剧《高君宇》,我给写了一个题词:"高君宇同志是山西省共产主义启蒙运动的先驱和卓越的政治活动家,太原的共产党、共(社)青团是在他的联系和指导下建立起来的,他毕生为共产主义事业奋斗,鞠躬尽瘁,死而后已。"山西党的创始人是高君宇,还有王振翼(王仲一)、贺昌(贺其颖)等。

山西建党的思想准备

讲党的组织,先要讲建党思想,因为首先决定于用什么思想建党。五四运动前,陈独秀、李大钊、胡适、钱玄同、鲁迅他们几个人办了个刊物《新青年》。《新青年》是无产阶级和资产阶级革命分子一块儿办的,十月革命以前资产阶级民主革命是资产阶级领导的,中国的旧民主主义革命也是资产阶级领导的。辛亥革命是资产阶级民主革命,由孙中山领导,当然也有黄兴,还有宋教仁等。那时,还没有共

产党,但我们党的有些老前辈如董老、林老、吴老②是参加了辛亥革命的,李大钊也参加了辛亥革命。十月革命后,中国革命开始发生了变化。最初的思想阵地是《新青年》。中国共产主义启蒙运动的领导人李大钊、陈独秀都在《新青年》上发表文章,介绍、宣传马克思主义。中国党内接触马克思主义最早的是李大钊,十月革命以前,李大钊就在日本接触了马克思主义,十月革命爆发后,他就说这是庶民的革命,后来又发起成立了马克思学说研究会,在中国的大学里第一个开唯物史观这门课的,就是李大钊。中国共产党的成立与《新青年》的影响是分不开的。党成立以后中央的刊物是《向导》。

在山西,思想上打开阵地,宣传马克思主义的也是《新青年》。山西还有个《平民周刊》,办《平民周刊》的是王振翼等。我是1922年到太原上学的,那时《平民周刊》已经不出版了。好多人对我说《平民周刊》怎么样怎么样好。对这个刊物的作用后来宣传不够。当时还有一个晋华书社,在开化寺东边一个屋子里面,老板是个麻子。那时第一中学办了个青年学会,有很多书,各种书都有,有马列主义的书,社会主义的书,也有无政府主义的书和社会民主主义的书。我们几个人轮流在那儿住,负责管理借书,同学们谁愿看就看,看书的人不少,白天晚上都有来借书的,我在那儿值过班。晋华书社和青年学会的书,都是我们在上海、北京的同志帮助收集来的。作用可大啦! 这是讲思想准备,一个刊物,一个书社,一个学会。青年学会还出了一个《青年》报,后来在国民师范还办了青年学社。

党中央、团中央出的《向导》等刊物,在山西宣传共产主义思想起了很大作用,当时有些人入党入团就是看《向导》受到的启发。以后山西建党就是靠《向导》,你给我一本《向导》,我给他一本《向导》,扩大政治影响。还有一个《中国青年》,这两个刊物都起了很大的作用。

山西早期党团组织状况

山西共产党是在北京共产主义小组指导下搞起来的。1920年，北京发起组织马克思学说研究会的时候，山西就有高君宇、王振翼等参加。高君宇、王振翼应该算是1920年入党的。当时有的人入团入党的时间比后来填表时写的时间早。有的同志可能会问，我们党是1921年建立的，怎么1920年就有人入党呢？如果说1921年开了代表大会，才有党员，那么没有共产党员，怎么会有代表会呀？在党的第一次代表大会以前，就有共产主义小组，高君宇、王振翼都参加了共产主义小组，他们入党的时间，应该从1920年参加共产主义小组算起。另外过去计算入团入党的时间，有的是从谈话通知入团入党的时间算起，有的是从过正式组织生活的时间算起，两个时间有的差得很多，这类问题把过程讲清楚就可以了。贺昌也是山西最早的党员之一，1922年省立一中发起驱赶反动校长运动时他就是领袖，当时我们都是他领导的，党员、团员都是他领导的；还有李毓棠（叔荫，忻州人），也是第一中学比较早的党员。

到1924、1925年，山西的党团员就比较多了，那时的党团员多数我知道，也有些当时知道但现在记不清了。我讲的情况，供你们参考。我没有提到的，不等于没有。

当时，山西省立第一中学党团员比较多。高君宇、贺昌、李毓棠等都是一中的。此外，还有张埻麟（张养田，山西灵石人）、王鸿钧（山西猗氏人）、邓国栋（山西河津人）、王瀛（王海峰，陕西神木人）、张学静（张友清，陕西神木人）、蔡振德（蔡雪村，陕北人）、刘守维（山西霍县人）、赵源（山西五台人）、王占京（山西荣河人）、姬铎、赵秉彝、王礼（陕西人）、汪铭（陕西人）、陈立志（山西晋城人）、周玉麟（山西晋城人）、王继盛（山西猗氏人）、景望廉（山西猗氏人）、乔封、王旭东（王升，山西汾阳人）等，我也是第一中学的。

其他学校，太原进山中学有纪廷梓（太原市小店镇人）和左天祥等人。省立第一师范有一个团支部,书记叫王箴。山西大学有一个团小组,负责人是马锡侯(汾阳人)。山西政法专门学校有侯士敏(侯捷庵,山西平遥人)和潘恩溥(潘泽卿,山西文水人)。太原女师有两个团员,一个是侯秀梅,一个是朱志翰。此外在汾阳还有一个姓龚的女同志。山西省立国民师范有薄一波、程子华、梁其昌、纪秀川、王世英、韦思恭等。国民师范还有一些党团员,这些一波、子华同志会比我记得清楚。工厂里最早的工人党团员,是印刷界的王世益、王世隆、王元等。正太铁路有刘明俨、梁永福、田世泰等。在大同京绥铁路工人中,最早的党员有张树珊、傅国忠,他们是北京党组织发展的,和我们有联系。太原兵工厂和太原鞋匠工人中也有几个党团员,建立了支部。太原兵工厂支部的负责人姓杜。

在晋南临汾最早的党团员是张振山(张应川)。1924年,那个地方出了一个《新声报》,还有新声书社,有十几个人,但无政府主义思想比较多。他们相信景梅九(景定成)。我们在太原讲阶级斗争,他们在那里讲互助;我们讲马克思主义,他们讲无政府主义。所以,1924年寒假太原党组织派我去那儿做工作。我去的时候,只带了一箱子书,其中有马列主义的书,有无政府主义的书,有批判无政府主义的书,有社会民主主义、基尔特社会主义等社会主义的书,各样都有。他们知道我是共产党员,所以我去看他们的时候说,我是来和大家共同讨论前途问题的。我们先不要辩论,我带了一箱子书,有各种社会主义的书,请大家都看一看,比较一下究竟哪种社会主义好,我们共同选一条社会主义道路一块儿走。我们现在选择道路,不光为咱们几个人,是要给山西青年选一个道路,选错了要负责任的。他们看了书以后,大多数人赞成马克思主义,张振山(临汾人)、李光汉、王枫宸(大概是翼城人)都要求加入社会主义青年团。张振山1925年入团,是我介绍的。以后这个地方就变成晋南共产主义的一个"根据地",晋南很多地方党团组织是从他们那儿发展起来的。当时运城也有些进步青年,情况我不大清楚。

我们太原党组织有个好传统。那时候决定谁入党入团，先要派去搞工人运动，要能同工人群众结合，才能参加党团组织。我们还很重视学习旅莫支部的经验。旅莫支部会议有一份详细记录，是高君宇带回来的，字写得很整齐。这份《记录》从贺昌、李毓棠一直传到我手里。我们就是按照旅莫支部的经验过组织生活，严格要求党、团员。

我们在建党初期有点关门主义倾向。那个时候国共合作，1924年至1925年经我手登记加入国民党的就有500多人，后来想起其中很多进步分子可以发展为共产党员，可惜发展得太少了。

伍仁录、宋大涵根据彭真同志1990年1月5日谈话记录整理。

【注释】

① 本文节选自《中共山西历史忆事》（第1卷），山西人民出版社1991年出版。
② 董老、林老、吴老，指董必武、林伯渠、吴玉章。

纪念高君宇同志

薄一波

高君宇同志是我党早期的无产阶级革命家，山西党组织的创始人之一。他在短暂的一生中，为中国革命事业鞠躬尽瘁，做出了自己的贡献。

君宇同志原名尚德，1896年生于山西省静乐县峰岭底村（今属娄烦县），1912年在省立第一中学就读。目睹袁世凯的腐败统治，乃立志革命。1916年考入北京大学，在进步思潮的激励下，在李大钊同志的关怀下，他一面钻研马克思主义书籍，一面参加社会活动。"五四运动"前，他是进步社团"国民杂志社"和"新闻研究会"的成员，"新潮社"的干事，北京大学学生会的主要负责人。在北大就学期间曾和邓中夏等同志共同探求革命真理，彼此砥砺，结成战友。

在"五四运动"中，君宇同志和其他同志组织和领导了轰轰烈烈的大示威，团结广大爱国青年，迫使卖国政府不敢在巴黎和约上签字。"五四运动"后，他加入"平民教育讲演团"，在北京城郊向工人和市民宣传革命道理，走向与工人群众相结合的道路。1920年10月他加入李大钊同志领导的北京"共产党小组"，11月被选为北京社会主义青年团的书记。

1921年夏，君宇同志返晋，与贺其颖（即贺昌）、李育堂（毓棠）等同志成立了"太原社会主义青年团"，改组了《平民周刊》，传播进步思想。1924年春，他遵照党组织的指示，再度回到太原，建立了山西省第一个党小组，是年秋，正式成立了中国共产党太原支部。

1922年初，君宇同志和其他同志参加中共代表团，出席了共产国际在莫斯科召开的远东各国共产党和民族革命团体第一次代表大会，受到伟大的革命导师列宁的接见。7月归国后参加了党的"二大"，被选为中央委员。不久返北京，协助李大钊、邓中夏同志领导北京工人运动，并任我党北方局机关刊物《政治生活》和《工人周刊》的编辑，撰写了许多文章。

君宇同志参加了党"三大"后，受党的指示，积极帮助孙中山先生改组国民党。他参加了国民党第一次全国代表大会，为建立革命统一战线作了许多有成效的工作。在党的领导下，他积极参与组织工团军，镇压广州"商团叛乱"，英勇战斗，身负弹伤。同年11月，君宇同志陪同孙中山先生北上，准备召开国民会议以解决国事。到北京后得知段祺瑞毫无诚意，竟以"善后会议"相对抗。孙中山先生和李大钊同志商议决定召开国民会议促成会全国代表大会，君宇同志被推为代表，日夜奔波，积劳过度，肺病复发，又患急性盲肠炎，不幸于1925年3月6日逝世，时年29岁。

君宇同志逝世已经50多年了，他给我们留下许多篇不可磨灭的文章。这些文章，记录了君宇同志的革命思想和斗争的历程，从中也可以看出我党在大革命前夕领导中国革命的光辉业绩。

分清敌友,是革命的首要问题。我党"二大"提出了彻底反帝反封建的民主革命纲领。但在当时许多人并不理解,甚至对帝国主义和封建军阀还有幻想。君宇同志著文指出:中国"是国际帝国主义公共的殖民地,他的经济生命被他们宰制了,同时支配政治的又是这些海盗们和他们扶植成的封建势力"①。因此,"在国际帝国主义和军阀交相压迫下的中国,是决定他急于要做国民革命"②。君宇同志在当时虽然阐述得还不十分明确,但在总的方面肯定了这个国民革命的目标就是反帝反封建。为了进行反帝反封建的斗争,他主张必须"吸收一切革命的势力都参加这个奋斗,这是一件最大的需要"③,并且认为"中国国民革命的主力军,惟有是团结了的劳动群众"④。"无产阶级较资产阶级为强壮……所以在国民革命当中无产阶级是要占个主要的地位"⑤。他还强调:必须加强党组织的建设,唯有如此,才能"统率全工人阶级利益的争斗"。从这里可以看出,君宇同志在当时已经有了国民革命联合阵线应当由共产党来领导,以工人阶级为主体的基本认识。而认识到这一点,无疑是很重要的。

还应当指出,君宇同志对十月革命后中国民主革命已属于世界无产阶级社会主义革命的一部分这一重要论点,在当时已经有了正确的理解。早在1922年他就说道:"欧战后的世界大势,一方面是帝国主义国家猛烈的冲突和渐就颓败,一方面是工人与被压迫民族的联合。"⑥对于被压迫民族来说,"只有苏俄是助他们得着解放的真正朋友"⑦。

君宇同志的论著所涉及的问题相当广泛。仅就上述几点,可以看到,在50多年前,我们党刚诞生不久,革命还处在幼年时期,君宇同志当时不过20多岁,就在中国革命的若干重要问题上,做出了初步的然而是比较明确的探讨和阐发,这是很可贵的。

君宇同志曾在自己照片的背面写下这样的自勉诗句:"我是宝剑,我是火花。我愿生如闪电之耀亮,我愿死如彗星之迅忽。"

君宇同志的确像一柄利剑,刺向黑暗的旧社会;也的确像一颗火珠,汇集在党的火炬中,照耀革命的方向。他的一生虽如"闪电"之瞬逝,却划破黑夜长空;虽如彗星之短促,却留下永存业绩!

(1981年3月)

原载《山西革命回忆录》(第1辑),山西人民出版社1983年3月版

【注释】

①④⑤ 引自高君宇《答〈读独秀君《造国论》底疑问〉》一文,原载1922年10月4日《向导》周报第4期。

② 引自高君宇《介绍一篇国民革命的纲领》一文。原载1922年10月4日《向导》周报第4期。

③ 引自高君宇《国民党报纸不应有这样记载》一文。原载1922年11月2日《向导》周报第8期。

⑥⑦ 引自高君宇《土耳其国民军胜利的国际价值》一文。原载1922年9月27日《向导》周报第3期。

为题《石评梅作品集》书名后志

邓颖超

书目文献出版社嘱我为本世纪20年代著名女作家石评梅作品集题写书名,立即在我的眼前浮现出一件难忘的往事。在20年代,大革命时期,我已知高君宇(名尚德)同志是我党北方区委员会的负责人之一,主管宣传工作,但未见其人。那是1925年1月,高君宇同志在上海参加我们党的第四次全国代表大会之后,返回北京的途中,他特地在天津下车,到我任教的学校里看望我,因为,他受周恩来同志的委托来看我并带一封信给我,这样我们有缘相见,一见如故,交谈甚洽。高君宇同志和周恩来同志是在党的第四次全国代表大会期间相识的,两人欢谈甚深,彼此互通了各人的恋爱情报,于是高君宇同志做了我和恩来同志之间的热诚的"红娘",而恩来同志又做了我得见君宇同志的介绍人。我和君宇同志的那次亲切的会见,

他给我留下了深刻的印象。他是一个温和而又沉着,内心蕴藏着革命的热情,而从外貌看上去也较为成熟的青年。

在同年3月间,我正在北京参加国民会议促成会全国代表大会的时候,突然听到君宇同志逝世的噩耗,深为悲痛,极想能够见到他的情人——石评梅女士,给予安慰。数日后,在北京大学旧址法学院的礼堂,举行高君宇同志的追悼会,由赵世炎同志(中共北方区委员会负责人之一,主管职工和宣传工作,1927年国共两党分裂后,7月在上海被捕遭杀害)主持,我去参加追悼会,怀着极其沉痛的心情和迫切的愿望,希望能够见到女作家石评梅。但是那天很出乎我的意外,评梅女士并没有参加追悼会,可能因为她悲痛过甚而不能参加。但是,在追悼会会场的正中悬挂着评梅女士抄录的君宇同志自题像片的那首诗,作为她悼念君宇同志的悼词。因为,我和恩来同志对高君宇同志和石评梅女士的相爱非常仰慕,但他们没有实现结婚的愿望,却以君宇同志不幸逝世的悲剧告终,深表同情。君宇同志由于工作关系,一人独居,无人照料,阑尾炎发作后,因耽误时间而恶化以至不救长逝的。从那个时候起,我就仰慕高、石之间爱情和同情他们的不幸遭遇,总希望能有机会和石评梅女作家见一面,然而,石评梅女士由于失去君宇同志悲伤过甚,约三年后,她自己也离开了人间。我始终未能同石评梅女作家有一面之缘,至今仍引为憾事。北京解放后,我也曾与一些同志和青年一代几度到陶然亭,凭吊高、石合葬的碑墓,我向同行的人们讲述了高、石的爱情和革命事迹。由于对高、石俩人的仰慕和同情,缅怀之思,至今犹存。虽我们两对四人,其中已有三人长逝了,作为幸存者的我,有机会能为《石评梅作品集》题写书名,深感欣幸,故不计字迹拙劣,乐于题写。

1982年7月下旬于北京

原载《石评梅作品集·戏剧 游记 书信》,书目文献出版社1983年8月出版

四　高全德[①]的回忆文章《忆君宇与评梅[②]》

我离开北京,整整58年了,缅怀往事,倍增惆怅。尤其是陶然亭,那里有先烈李大钊和君宇等多次进行活动的慈悲庵等处,也有君宇和评梅多次来此漫步留下的足迹。后来依照君宇和评梅的遗愿,把他俩都葬在这里。解放后,陶然亭改建为公园,改变了往日的冷僻荒凉。在党中央和周总理的亲切关怀下,重新修整了高、石两墓,并列为革命文物加以保护。湖畔两碑并峙,吸引游人瞻仰,特别为青年人所敬佩与爱慕。

君宇是中国共产党早期的著名活动家,评梅是本世纪20年代著名女诗人和作家。在他俩短暂的生命历程中,做出了不少辉煌的业绩,已经载入现代史料。关于他们的详细事迹与相互关系,介绍的还不多。去年9月,《人民日报》发表了邓颖超同志为《石评梅作品集》题书名而写的纪念他俩的文章后,引起了广大读者的关注与共鸣。现在,作为曾随君宇兄长在京度过一段时日的我,也有责任追忆一些片断,供大家参考。

论年纪,君宇属猴,评梅属虎,我属马,我比君宇小10岁,评梅比我长4岁,我是他俩的小弟弟。当然,他们之间交往和爱情方面的微妙关系,我当时不能全部了解。但在我的记忆中,仍有许多难忘的印象。现在介绍以下几件事:

一　红叶题诗

满山秋色关不住,
　一片红叶寄相思。

这是1923年10月24日君宇在西山养病期间题在红叶上的两句诗，寄给城内的评梅。评梅接到红叶后，即在红叶背面题了句话，原件寄还君宇。这句话是：

枯萎的花篮不敢承受这鲜红的叶儿。

君宇收到退回的红叶后，珍藏起来，直到1925年3月4日下午，君宇进入协和医院之前，又将红叶亲手交给了评梅。评梅一直把它珍藏到她生命的最后一息。

二　离婚问题上的不同想法

在封建礼教的束缚下，他俩各有其不同的悲苦遭遇。为了摆脱痛苦，君宇于1924年6月24日毅然提出与前妻离婚，并致信岳丈李存祥先生。君宇把离婚的消息告诉了评梅，评梅却几次劝阻。她表示："宁愿牺牲个人幸福，而不愿侵犯别人的利益，更不愿拿别人的痛苦当作自己的幸福。"然而她这颗仁慈的心，终未说服君宇冲破封建包办婚姻的羁绊的决心。

三　象牙戒指

1924年5月北京腊库事件发生后，由于敌人疯狂追捕，君宇便离京回家乡，终于与前妻离婚。之后，他又潜奔沪广，进行革命工作。君宇在广州选购了两枚象牙戒指，一只寄给留在北京的评梅，一只自戴，从此他俩的手指上各戴一枚纯洁如玉的象牙戒指，象征着他俩纯洁的爱情，直至他俩生命的最后一息，各自带进棺木，带进墓葬中去。

"十年浩劫"动乱期间，他们在陶然亭的墓葬也得不到安宁。后来，为了迁葬的事，也费了周折。1973年冬，周总理在病中得悉，深为关切，在邓颖超同志热情支持下，才把他们两人尸骨火化，重新安放。遗憾的是，开墓后，尸骨依然，两枚象牙戒指却找不见了。

四 车窗玻璃的碎片

1924年冬"北京政变"后,君宇立即从广州回到北京,我初次尝到他从南方带来的椰子干。后来,他又从手提箱里取出一个小纸包,打开纸包,里面是一块玻璃碎片,我不解其意。君宇就讲述了"双十节"在广州经过一场激烈战斗,如何协助孙中山先生平定了"商团叛变"。这是他指挥战斗中,敌弹击破车窗,弹由胸侧而过,险遭不测。当时,他特意将车窗破碎后的玻璃片留下,这次带回北京来了。说完来历后,他将碎片玻璃递给评梅收存,作为纪念礼物。在那样的年月里,他从事革命工作,要担惊受险,本不足为奇。但君宇的身体却在奔波、劳累中被折磨坏了,回京不久,他就因肺疾加剧而咯血,被送入德国医院治疗。而君宇保存的这块车窗玻璃的碎片却成了他和评梅冲决黑暗世界的纪念物。

五 一场奇梦

君宇住院疗养期间,当时组织上要我去陪侍,这期间我和君宇生活在一起。评梅不断来看望,有时我故意避开,好让他俩多有个交谈的机会。有一次,我在梦中,仿佛评梅已在君宇身边,忽听君宇问道:"世界上最远的地方在哪里?"评梅马上回答:"就在我站着的这块地方。"君宇继续说道:"也有我在着的这块地方。"评梅无语,一拥倒向君宇怀里。我猛然抬头细认,却见满屋沉黑,急忙拉灯一看,见唯有君宇自己安稳地睡在病床上,原来是一场奇梦。

六 最后的诀别

君宇为了急于投入工作,不听克里大夫相劝,提前离开了德国医院,迁入苏联使馆所在的旧俄兵营内。他不顾病体尚未康复,即刻投入战斗行列,为我党和李大钊同志倡议的国民会议的召开而努力。当时,经过一场政变之后的北京政局很复杂,段张勾结,国民党右翼也很嚣张。君宇和李大钊同志一起,为扭转这种局势做了大量工作，但也相当费力。1925年3月1日，国民会议促成会全国代表大会在北京开幕，君宇以北方代表身份出席了大会，并和李大钊同志一起参加了共有成员30人的大会主席团。大会开会那天，为防止意外，我守候在会场附近。散会时，记得在北大三院操场留影，君宇和李大钊同志都在前排中间，记得那个照片是个长条合影，约200多人。就在这次会后，君宇病上加病，突患了急性盲肠炎，4日下午送入协和医院割治无效，3月6日2时40分停止了最后一息。君宇在入院前（4日下午），不愿意使评梅担惊受怕，事先打了招呼，不让她陪同进院，约定3日内她不必来医院。他还把他俩之间的有关信件连同红叶在内一并交评梅收去。开刀后，他仍不许我告诉评梅。没想到他俩便从此提前告别了。16日午前评梅得悉君宇去世的消息，赶来医院时，正待入殓。她含泪检视了君宇的衣履穿戴，守恋着遗体，泣不成声，几次昏厥，但仍不忍离去，直到拍完殓前遗像，看着君宇的遗体和他手指上那枚洁白如玉的象牙戒指一起入了殓。傍晚开始移灵，她和大家一起护送君宇的灵柩到崇外法华寺，安放停当后，她才离开。

七　墓地安排

停灵期间，法华寺成了我和评梅经常往来之地。灵柩运回原籍还是另行安置，当时不能很快做出决定，就在棺木上涂了六道生漆，这原是两套准备的办法。后来评梅提议，按照君宇的意思葬在陶然亭。因为，君宇生前同她经常漫步陶然亭，君宇曾说过："北京城的地方，全被权贵们的车马践踏得肮脏不堪，只剩陶然亭这块荒僻土地还算干净，死后愿葬于此。"组织上同意了评梅的提议，决定按照君宇的遗愿办理。为了避免北京当时军阀的干涉，不便以党组织出面，丧事完全以我和评梅的名义安排。陶然亭的土地，属于慈悲庵的庙产，墓地需占用的一份土地，买价就花用银洋24元，其余建造墓穴、墓碑，以及停灵、运灵等各项开支均由党组织负担。最后碑款不够用了,评梅自己拿出30元,并要我不用告诉组织,由她自己负担了。

八 墓畔哀思

君宇死后,我和评梅同感悲痛。1926年初(阴历腊月下旬),我离开北京回到老家,为了不致突然刺激父母二位老人,临行前,曾与评梅约定,不必告诉君宇已去世的消息,仍按期投送假信。到家后,两个老人一直被蒙在鼓里,总算没有发生意外。但父亲提出要我弃学经商,这本是不合我意愿的事,使我于悲伤中更增加了苦恼。评梅为此几次来信劝诫我,要我应当像君宇那样,谋取稳妥办法,千万不要和家庭破裂。我离京后,评梅常独自去到陶然亭君宇墓旁哀悼,那里留下了她无数的泪痕与足迹。那里有她亲手种植在墓周的松柏十余株,也经她的泪水浇灌过,终于成长起来了。在那里,她摄下了拥着墓碑的照片,那墓碑上有她亲笔为君宇写的著名的碑文;在那里,她写下了抒发墓畔哀思的诗歌,如发表在《语丝》123期上的《祭献之词》就是其中的一篇。张作霖进占北京后,陶然亭成了军阀的牧马场,坟墓被马蹄践踏,松柏被马啃坏,无情的现实使她极度悲愤,感到无比憎恨。她在百感交织中,写出了《涛语》,写就初稿,她即抄寄了一份,征求我的意见。1927年后,无情的现实迫使我离家远游,到处漂流。评梅逝世的详情,我就不得而知了。后来才知道,她于1928年秋也同样在协和医院停止了最后一息,同样寄灵在一处寺庙里,也和君宇同样埋葬在陶然亭湖畔。他俩的生命,竟是这样地永远连结在一起了!

一九八三年二月三日于太原
原载《石评梅作品集》,书目文献出版社1984年2月版

【注释】

① 作者为高君宇胞弟。新中国成立后,曾任静乐县文教局局长、娄烦县人大常委会委员等职。

② 本文标题为原书编者所拟。

五 高君宇年表
(1896—1925)

1896年10月 诞生

10月22日（农历九月十六日），出生于山西省静乐县峰岭底村（今属太原市娄烦县）。

父亲高配天，字子明，辛亥革命前加入同盟会，任温泉都团总，帮助地方维持秩序；后任县商会会长，为地方所倚重。具有创业精神，在本村及娄烦、静乐、岚县开办各种作坊、货铺、面铺、煤窑、瓷窑等，家业逐渐兴旺，成为有名富户。母亲赵氏，本县农户女，不识字，性情温和，为人善良，一生勤俭，精于理家。

君宇为次子，出生后取名尚德，字锡三，君宇是"五四"以后取的号。有兄俊德，弟全德、宣德，妹志娴。

1900年 四岁

是年，义和团运动风起云涌。静乐县各乡村都有人参加义和团。其父高配天也是参加者之一，经常给儿女们讲义和团的悲壮故事，使幼小的君宇萌发了一种朦胧的反帝爱国思想，他常和同伴手持木制刀矛，做"义和团痛打洋鬼子"的游戏。

1903年 七岁

春，与大哥俊德在本村段化行家读私塾，接受启蒙教育。

1905 年　九岁

是年,其父在家设私塾,延聘静游村老秀才冯善达教读。娄烦镇尹家聘用全县名师冯乐善老先生教学,父亲慕名送君宇和俊德到尹家私塾就读。因冯先生教学有方,君宇"颖慧冠群儿",刻苦用功,一年内学业大进。

1909 年　十三岁

秋,同俊德到静乐县立高等学堂读书。这个学堂是在"废科举,办新学"中创办的全县最高官办学堂,君宇广泛阅读所能找到的各种书刊,亦开始接触到社会问题。

1911 年　十五岁

10 月,辛亥革命爆发,山西起而响应,宣布独立。静乐县不久也建立了新政——八都公所。高配天参与革命活动,担任新政权温泉都团总,组织民团,维持地方。君宇受父亲和革命影响,倾向变革,与父兄一起剪掉了辫子。他还反对母亲给妹妹缠脚,设法帮妹妹把缠好的脚又放开。

1912 年　十六岁

1 月 13 日,"负笈抵省",怀着立意深造的决心,考入太原模范中学校,编入第八班。读书用功,对各科都有浓厚兴趣,课余多在图书室看书。

1913年　十七岁

7月，太原模范中学正式改名为山西省立第一中学，面向全省招生，原春季始业改为秋季始业。学校重新编班，君宇编入第七班。

1914年　十八岁

同学梁汝舟、王怀奇、邱仰浚等在学校组织"敬业会"，征求君宇意见，他认为这是为阎锡山拉拢势力，故未参加。

"他关心时事，广泛选读京沪各大报纸及时人名著"，如《晨报》《申报》《新闻报》和《康梁文钞》《章太炎文集》《西欧漫游》等。认识到，虽然皇帝倒了，但社会依然专制腐败，仍然需要改革。

"喜研新学，不甘落后，成绩由平常而转到优等"。学校评语是"崇德敦行"。

冬，由家庭包办和本县神峪沟农民李存祥之女李寒心结婚。李大两岁，君宇反对，唯家庭逼迫，遂举行婚礼。婚后大病，托词移地静养，到省城后写信求父亲释放这个可怜的女子。

1915年　十九岁

5月，省立一中师生得知袁世凯秘密接受日本帝国主义灭亡中国的"二十一条"，群情激愤。君宇"目击时艰，痛国沉沦，辄愤懑填胸"，跟同学发动捐款，翻印"二十一条"全文并附注释，分别在学校和街头散发，揭露袁氏卖国罪行，唤醒国民与袁氏斗争。

12月，袁世凯窃国称帝，蔡锷在云南组织护国军讨袁。消息传到太原，君宇和省立一中同学上街宣传，揭露袁世凯罪行。还将《袁氏窃国记》寄回家乡让父兄看，并寄一信指出："洪宪过不了百日。"

1916年　二十岁

7月,从省立一中毕业后,在父亲陪同下赴京应试,被北京大学录取为理预科新生。

9月,北京大学开学,君宇被编在理预科早班。

10月1日,陈独秀主编,由《青年杂志》改为《新青年》的第2卷第2期发表胡适《文学改良刍议》和陈独秀《文学革命论》,吹响了文学革命的号角。

12月26日,蔡元培任北京大学校长。蔡代表资产阶级在封建主义的文化堡垒里争夺地盘,实行"兼容并包、兼收并蓄"的办学方针,提倡"学术思想自由",为资产阶级新文化的发展鸣锣开道,使北大成为新思潮的摇篮。

1917年　二十一岁

1月13日,陈独秀到北大任文科学长。陈借助北大这个文化思想阵地,传播新文化、新思想,引导青年改造中国社会。

夏,胡适由美留学归国,9月10日到北京大学任教授,讲《中国哲学史》。

9月,君宇升入理预科2年级,因受新文化运动影响,"求学之余,兼留意政治",经常到学校图书馆借阅英、德哲学之类书刊,了解西方思想文化。

11月7日,在布尔什维克党和列宁的领导下,俄国爆发了十月社会主义革命,推翻了沙皇统治,建立世界上第一个无产阶级专政的国家。

1918年　二十二岁

1月,李大钊到北京大学担任图书馆主任,大量增购中外图书,特别是宣传和介绍新思想的书籍,把北大图书馆办成传播新文化的阵地。

5月21日,日本政府和段祺瑞政府秘密签订《中日共同防敌军事协定》,中国在日留学生抗议签订这一协定,在遭到日本军国主义残酷镇压后,纷纷罢课归国,北京各校学生联合发起请愿活动。君宇与邓中夏、许德珩等人到车站迎接归国留日学生代表,并参加了北京大学学生的请愿活动,上午排队到总统府请愿,要求政府拒绝签字并公布协定条文。总统徐世昌避而不见,派秘书接见学生代表。

6月,王光祈、李大钊等发起成立少年中国学会。

6月30日,参加少年中国学会筹备会议。

7月初,北京大学放假,回静乐度假。

8月11日,在家中给学校提倡培养个人高尚道德的组织"进德会"写信,申请入会,说除遵守"进德会"不嫖、不赌、不纳妾三戒则外,并愿遵守不吸烟、不饮酒二则。

9月初,暑假期满,回到学校。

10月,北京大学红楼于8月建成,图书馆由马神庙迁到新址。

10月,"学生救国会"会员发起组织"国民杂志社",以李大钊、邵飘萍等为指导,出版《国民》杂志。君宇参与该刊的编辑并为《新潮》、《新青年》、《晨报》副刊、《国民日报》、《北京大学学生周刊》等刊物撰稿,是当时舆论界活跃的人物。

10月15日,李大钊在《新青年》杂志发表中国第一个马克思主义文献《庶民的胜利》。

本年,加入北京大学画法研究会,经常参加该会的活动。

1919年　二十三岁

1月18日,巴黎和会开幕,中国作为战胜国派代表参加。会议很快暴露了帝国主义国家强盗分赃会议的性质。

2月初,北京大专学校学生联合会成立,君宇当选为北京大学学生会负责人。

3月23日,与邓中夏等组织、成立了以"增进平民知识,唤起平民之自觉心"为宗旨的"平民教育讲演团",在北京城乡,尤其是在长辛店一带宣讲革命道理。

4月,参加北京大学新闻学研究会活动,先后听过李大钊、邵飘萍、徐宝璜等讲授的新闻学理论、马克思主义基本原理和如何练习撰写新闻稿件、编办报刊的原则等课程。

4月30日,胡适的老师、美国实用主义哲学家杜威来华讲学,逗留二年余,于1921年7月离华。

5月1日,李大钊在《晨报》发表《五一节 May Day 杂感》,提出"直接行动"口号。《国民》杂志社成员在北大西斋饭厅召开紧急会议,讨论对"巴黎和会"山东问题失败的反应,并决定采取"直接行动"。

5月初,罗章龙、匡互生、王有德等爱国会、国民杂志社、少年中国学会少数成员20余人秘密开会,决定密查卖国贼曹汝霖、章宗祥、陆宗舆等人的活动。

5月3日,巴黎和会决定把德国在山东的权益转让给日本,北洋政府准备在巴黎和会上签字的消息传来,国民杂志社提议发动北京各校学生举行示威游行,抗议日本无理要求,打击亲日派,伸张民族正义。君宇积极参加并参与组织领导了这次规模空前的运动。当晚,北京大学和北京各校学生在北大三院礼堂举行大会,君宇慷慨陈词,声泪俱下,疾呼"救亡图存"。会议决定:①联合各界一致行动;②

5月4日集合天安门举行爱国大示威;③通电中国专使不准在和约上签字;④和各省市取得联系,5月7日举行爱国游行。

5月4日,按照"五三"决定,下午,君宇身处游行队伍前列和北大同学及北京各校同学3000余人齐集天安门,举行爱国示威游行。学生抵达赵家楼卖国贼曹汝霖住宅时,曹宅铁门紧闭。君宇和同学攀上墙头破窗跃入曹宅,没有找到曹汝霖,却遇到了章宗祥,君宇等痛打章宗祥,尔后和同学们放火烧了曹宅。

在此期间,北京学生数千人四处演讲。君宇也参加街头宣传。反动当局连日出动大批军警,残酷镇压学生爱国行动,拘捕爱国学生1000余人。

5月6日,北京中等以上学校学生联合会成立,高君宇、邓中夏等为北京大学代表。君宇为组织北大和北京各校学生罢课、营救被捕同学、发动市民抵制日货,奔走呼吁,终因积劳成疾,咯血两次,但仍坚持工作。

6月,和北京学联代表赴太原发动山西学生参加全国学生统一行动。经原省一中同学续约斋介绍,会见山西学生联合会会长贾绍孟、周敦信等。

7月1日,少年中国学会正式成立。根据李大钊等人的提议,学会的宗旨改为"本科学的精神,为社会的活动,以创造少年中国"。君宇正式加入该会。

7月—8月,胡适发表《多研究些问题,少谈些主义》,引起李大钊等人质疑、反对,双方展开"问题"与"主义"的论战。

8月,为唤醒晋民反对阎锡山的独裁统治,指导王振翼等创办《平民周刊》。

9月,由理预科转入地质系本科。

9月21日,到北京手帕胡同教育部听杜威讲《教育哲学》,胡适任翻译。共讲16次,君宇每次都做了笔记。从9月23日起,《北京大学日刊》分12次将君宇笔录的杜威《教育哲学》讲演稿刊登。

10月16日,北京大学新闻学研究会第一届会员期满,举行结业仪式,蔡元培校长亲自主持并致训词。君宇参加期满式,和毛泽东、罗章龙等32人领到听讲半年期满证书。

10月22日,平民教育讲演团分组有新的变动,君宇在第三组,活动地点为北城第十讲习所。

10月26日,北京大学学生会评议部召开成立大会,君宇当选为评议部评议员。

11月中旬,加入北京大学新潮社,是新潮社第4批社员。

11月9日,新潮社举行全体社员大会,前任职员报告会务后,改选职员。由罗家伦担任编辑,孟寿椿担任经理,君宇担任月刊广告,成为新潮社第2届职员。

11月20日,北京大学学生会评议部召开大会,君宇参加会议,当选为评议部总务委员。

11月23日,旅京晋学会举办讲演会,君宇参加并听了梁伯强的讲演《学生的文化运动》,日后他将听讲笔记分两次于12月30日和31日刊登在《晨报》上。

12月17日,参加学校召开的纪念北京大学成立22周年大会。会上杜威讲演《大学与民治国舆论的重要》。12月20日,君宇把听讲记录稿刊登在《晨报》上。

年底访杜威,借阅杜威在北大纪念日大会讲演稿及笔记,把自己的笔记经过增修,题为《大学与舆论》,于1920年4月1日登在《新潮》第2卷第3号。

本年,参加国民杂志社,担任该社编辑。

1920年　二十四岁

1月,陈独秀为《新青年》劳动纪念专号组稿,嘱君宇调查山西劳动状况。为此,君宇托山西大学学生续约斋、韩云峰、方成章调查太原、大同两地劳动状况。

3月7日,"五四运动"挫败了日本鲸吞山东权益的阴谋,但侵略者并不甘心失败。本年初日本帝国主义竟然又向北京政府提议两国直接交涉,对此,君宇在《北京大学学生周刊》第10号发表《我们为什么要反对直接交涉》一文,揭露日本帝国主义直接交涉的目的,是要"承继德国在山东的权利"。

3月,在李大钊指导下,君宇与邓中夏、何孟雄、范鸿劼、朱务善、罗章龙等秘密发起组织北京大学马克思学说研究会,设立学习和研究马克思主义的小型图书馆,取名"亢慕义斋"(英文Communism——共产主义的音译)。君宇和范鸿劼等参加研究会翻译室英文组工作,担任英文组负责人。

3月,共产国际派远东局长维经斯基等来华。维氏到北京后,通过北大一俄籍教授会见了李大钊。他们讨论了有关建立中国共产党的问题。李大钊邀集君宇等进步青年,与共产国际代表座谈,举行欢迎会、讲演会。4月,又介绍维氏等去上海与陈独秀进一步讨论建党问题。

3月14日,参加北京大学平民教育讲演团大会,在讲演团的第三次常会上,选出了以邓中夏为总务干事、君宇为文牍干事的新的领导机构。

4月3日—8日,平民教育讲演团利用春假的机会,组织团员分成数组,深入到以丰台、长辛店、通州为中心的乡村、工厂讲演。

4月24日,为纪念"五一",在《北京大学学生周刊》第14号撰写《"五月一日"与今后的世界》,明确提出:"要把一切生产机关从资本阶级收归,按照自由共有的大义,建设新的经济组织"的主张,而以"破坏政权"为达到这一目的的手段。

春,和罗章龙介绍王振翼参加马克思学说研究会,为"通讯会员"。

5月1日,李大钊、邓中夏和君宇等共产主义者团结一批进步青年主持了北京纪念"五一"节的活动。李大钊在会上发表了热情的演说。

同日,长辛店1000多名工人隆重举行纪念大会,君宇和邓中夏等专程赶到长辛店铁路工厂,对工人讲了话,会后还举行了盛大的游行示威。

同日,在《新青年》出版的《劳动纪念号》上发表了应陈独秀之约而撰写的长篇调查报告《山西劳动状况》。该文揭露说,在阎锡山统治下工人的工资"比苍蝇的翅子都薄了",童工更是食不果腹,过着牛马生活。

5月31日,和邓中夏等到北京南城模范讲演所讲演,讲题是《"人"的生活》。

6月5日,列宁的《民族和殖民地问题提纲初稿》发表,君宇认真阅读。

7月,利用暑假回乡的机会,在太原省立一中召集王振翼、贺昌等开座谈会。君宇针对当时社会思潮和山西情况,着重介绍了北京纪念"五一"劳动节的情况和对无政府主义的认识,期望大家学会用马克思主义观点观察和认识问题。

8月1日,在《晨报》增刊发表《解决时局的我见》,揭露北洋军阀政府任意摧残民意,实行独裁专制的罪行,主张惩办安福系和召开国民大会来解决时局问题。

8月8日,为《晨报》撰写《时局的解决与学生》。文中说为了解决直皖战后时局,赞同召开国民大会公决,学生可充当解决时局的宣传者和监督者。

8月20日,日本亚细亚学生旅行团来京,由李大钊介绍与学生联合会接洽。是日,在北大第二院开茶话会,君宇代表北京学生联合会发言,指出"联合全世界之青年而为全世界之改造,是吾人很希望的","和军阀官僚奋斗,以破除世界之黑暗,是吾人所欢迎的"。

8月22日,君宇等3人,代表北京学联,造访了在北京的美国议员团。

8月,陈独秀、李汉俊、俞秀松、李达等在上海发起成立上海共产主义小组。

9月2日,为《晨报》撰写《我的举行国民大会的理由和方法》,其理由:一是借举行国民大会对老百姓进行民主教育,二是召开国民大会解决国事可树立一个和恶势力斗争的榜样。

9月,英国唯心主义哲学家罗素来华讲学,在中国前后10个月。先后讲了《布尔什维克和世界政治》《教育之效用》《物的分析》《社会结构学》《社会主义》《中国人到自由之路》。

10月11日,加入北京大学地质研究会。

10月28日,新潮社经8月大会议决恢复编辑部和干事部旧制,通函京内外社员选举,是日开票,周作人当选为主任编辑,孟寿椿当选为主任干事。然后,由孟寿椿推定君宇等为干事。

同日,在《北京大学日刊》刊登启事,辞去北京大学出席北京学生联合会代表的职务。

11月14日,在北京南城模范讲演所讲演《什么叫作"自治"?他的意义、形式和功能》。

11月28日,到北京南城讲演所讲演《私产制度和婚姻》。

11月,和邓中夏、何孟雄、缪伯英、黄日葵、罗章龙、张国焘等40余人在北京大学召开北京社会主义青年团成立大会,讨论了社会主义青年团的工作,成立了北京社会主义青年团。君宇当选为北京社会主义青年团书记。

11月,在共产国际帮助下,继上海成立共产主义小组后,北京也于10月间成立北京共产主义小组。君宇和邓中夏约在11月间加入北京共产主义小组,为中国共产党最早的党员之一。

12月29日,少年中国学会举行报告会,君宇和邓中夏请周作人到会讲演《宗教问题》。少年中国学会先后请周作人到会讲演三次,都是由君宇和邓中夏一起约请的。

1921年　二十五岁

1月1日，在君宇和邓中夏等人的宣传帮助下，北京共产党支部创办的我国第一所向工人系统传播马克思主义的学校——长辛店劳动补习学校正式成立。

1月，维经斯基从上海启程回国，本月途经北京，与李大钊、张国焘在李大钊的办公室会谈数次，又跟包括君宇在内的共产党组织全体党员座谈。他希望中国的共产主义者和建立起来的各地共产党组织能够迅速联合起来，举行会议，成立中国共产党。

3月16日，君宇主持北京社会主义青年团全体会议，李大钊、何孟雄、罗章龙等24人出席。君宇报告了和俄国少年共产党人格林的接触情况。会议决定选派一名团员于4月25日出席在柏林召开的世界少年共产党会议，并选举何孟雄为代表，还议决成立5人审查委员会，负责收集赴会意见和准备文件。

3月21日，北京社会主义青年团通过《北京社会主义青年团致国际少年共产党大会书》，向大会传达中国青年希望和世界青年联络的愿望，因中国还没有统一的全国团组织，所以这次北京团代表参加大会只有发言权而无表决权。

3月22日，与邓中夏、何孟雄、黄日葵、范鸿劼、朱务善等19人共同研究起草并签署了《发起马克思学说研究会启事》，说马克思学说"博大精深"，所以有组织"一个分工互助共学的组织"的必要。《启事》还提到研究会现状和进行计划。它是马克思学说传播史上的一个重要文献。

3月30日，北京社会主义青年团在北大第二院召开第四次会议。君宇和李大钊、张国焘、罗章龙、刘仁静等25人出席。根据青年团工作发展情况，议决将团的领导机关四股制改为委员制，推张国焘担任执行委员会书记，君宇担任组织委员，李大钊担任出版委员，执行委员会每星期开会一次,每月开大会一次。

4月24日,北京社会主义青年团在北大第二院召开第五次会议,君宇和李大钊等16人出席,讨论修改团的章程、纪念"五一"活动及派人到长辛店工团成立大会讲演和派人到唐山发展组织等。会议决定设"五一"运动委员会,选举君宇、罗章龙等7人担任委员,筹备纪念"五一"活动。

春,被派回山西筹建社会主义青年团。到太原后多次邀贺昌、王振翼、李毓棠、武灵初等众多进步青年座谈。

5月1日,在太原省立一中组建了以马克思主义为指导思想,以"唤醒劳工、改造社会"为宗旨的太原社会主义青年团,成员有王振翼、贺昌、李毓棠、武灵初等。君宇主持了团的第一次会议,会议推举王振翼为组长。其后,帮助改组了1919年8月创办的《平民周刊》编辑部,使它在揭露阎锡山和引导青年进行革命斗争等方面,旗帜更加鲜明。

6月,《工人周刊》创刊,君宇担任编辑。该社附设北京劳动通讯社,采集新闻,除供《工人周刊》选用外,还向国内各大报发稿。君宇也是劳动通讯社的成员。

6月17日,少年中国学会北京会员为准备即将在南京召开会议,召开了一次谈话会,围绕李大钊提出的用主义指导学会活动的问题展开讨论。君宇等提出有采取一种主义的必要的主张,得到多数会员的赞同,君宇和邓中夏、黄日葵等共产主义者被推举为出席南京大会的代表。

7月1日,少年中国学会南京年会在鸡鸣寺开幕。当日会议议程是讨论学会宗旨及主义问题等。这些问题都关系到少年中国学会的发展方向。因邓中夏、黄日葵等尚未赶到,君宇临时动议,将原定关于学会宗旨的重大议题与次日的议题互换,当日讨论月刊、科学或研究会问题等。君宇加入少年中国学会社会学研究会、生物学研究会和地质学研究会。

7月2日，少年中国学会南京年会继续举行会议，君宇和邓中夏、黄日葵均出席。会议围绕学会宗旨及主义等问题展开激烈的争论。君宇等明确提出"人不可无一种主义"和"因无共同主义，在先所做的事，尽有背道而驰的"主张，得到了不少会员的同情和支持。

7月3日，少年中国学会南京年会举行第三次大会。会议由邓中夏担任主席，君宇任书记，主要讨论宗教问题。有的会员主张宗教徒也可加入少年中国学会，君宇表示不同意这种意见。

7月上旬，君宇和刘仁静由南京赴沪。刘仁静和张国焘作为北京支部（共产主义小组）代表参加了党的"一大"。君宇为大会所代表的50余名中共党员之一，也是山西最早的中共党员。

7月23日—31日，中国共产党第一次全国代表大会在上海举行。出席大会的有各地共产主义小组推举的代表。党的第一次全国代表大会宣告了中国共产党的正式成立。

7月24日，在上海《民国日报》副刊《觉悟》上发表《"到自由之路"究竟在那里？》，鞭答了罗素讲社会主义是假，行资本主义共管中国是真，是对无产阶级的一种欺骗。

8月初，君宇和刘仁静从上海到杭州，遇到毛泽东，聆听了毛泽东对国内外形势的分析。

8月上旬，从上海回到北京。

8月，恽代英致杨钟健转高君宇阅函，说自己是少年中国学会南京年会做主义争论的调和派，会后想实无调和余地，学会应树立明确的旗帜，这就是自己思想的大改变，希望学会成为"波歇维式团体"。

8月，委托王昉等人在暑假返晋之际，帮助太原团组织集资创办"晋华书社"，经销《共产党宣言》《资本论》以及《新青年》和后来的《向导》等大批革命书刊，成了山西第一个传播马克思主义的据点。

11月17日，《北京大学日刊》刊登君宇和邓中夏等19人签名的《发起马克思学说研究会启事》，把本年3月22日即已拟好的《启事》公布于众,公开征求会员,到1923年"二七"前,会员发展到300多人。

11月,中国共产党北京地方执行委员会成立。中国劳动组合书记部北方分部成立。

11月18日,出席中共北方区委紧急会议。会议由李大钊主持,讨论援助陇海路工人罢工问题。有人建议由书记部发表一篇援助罢工声明。君宇认为应派人到陇海路,深入到罢工斗争中掌握敌情,团结工人,建立革命工会。与会者同意君宇的意见,做出相应决定。

11月下旬,为了和帝国主义国家召开的华盛顿会议抗衡,共产国际召开远东各国共产党和各民族革命团体代表会议。中国共产党和各革命团体等派50多人参加。君宇是赴会代表之一,他和其他代表离开北京,经东北、满洲里赴苏联。

12月,少年中国学会公布会员终生志业调查结果,高君宇填写的是:欲研究之学术是"地质学、生物学",终身欲从事之事业为"中国地质及生物分布的调查和著述或平民教育"。

本年,高君宇和邓中夏、罗章龙等经常到长辛店给工人劳动补习学校讲课,帮助1921年5月1日成立的长辛店铁路工人俱乐部开展工作。君宇举止斯文,工人叫他"老夫子"。

1922年 二十六岁

1月17日,君宇及代表团一行抵达莫斯科。

1月20日,远东各国共产党和民族革命团体第一次代表大会召开,君宇等出席了会议。中国代表张国焘、高君宇、王尽美、邓恩铭等被大会推选为执行委员。列宁因病未参加会议,但在会议中间接见了张国焘等部分中国代表,询问了国共合作的可能性。

1月30日—2月1日,君宇和中国青年代表29人出席共产国际执行委员会召开的远东革命青年第一次代表大会。会议通过《远东革命少年会议宣言》。

2月2日,参加在列宁格勒(现圣彼得堡)举行的远东各国共产党和各民族革命团体代表会议闭幕会。会议通过《远东各国共产党及各革命团体第一次代表大会宣言》。君宇等8名中国执委在大会宣言上签名。会后,君宇及部分代表又留苏数月,考察十月革命后苏俄的政治、经济状况和革命经验,还参观了工厂、学校、部队和农庄,并参加了"共产主义星期六"义务劳动。

2月27日,苏联发生灾荒。君宇和中国一些社会上层人士、名流学者签名发起俄国灾荒赈济会,由黎元洪、颜惠庆、蔡元培、王正廷、李大钊、高君宇、胡适等173人组成,熊希龄任董事长。是日,北京大学总务处转发俄荒赈济会公函,请北大师生募捐。

3月9日,根据北京大学凡一个学期缺课逾三分之一而未交学费者即作休学论的校规,北大校方宣布高君宇休学。此时君宇是地质系三年级学生。

4月,绕道柏林、巴黎从海路由苏俄归国。归国后,在北京的一次山西同乡会聚会时,结识了在北京女子高等师范读书的石评梅,此后两人感情甚深。

4月,为"尊重科学、破除迷信、提高自给力、保护国民人格、反对帝国主义侵略、力图自强自治起见",君宇和李大钊、邓中夏、陶孟和、谭熙鸿、高一涵等北京各界人士200多人发起非宗教运动。

5月5日—10日,中国社会主义青年团第一次全国代表大会在广州开幕。君宇和张太雷、蔡和森、施存统等25名代表出席会议。大会通过了团纲、团章,选举君宇及张太雷、蔡和森、俞秀松、施存统等5人担任团中央第一届执行委员会委员。

6月11日,社会主义青年团北京地委改组,君宇担任北京团的地方执行委员会书记。

6月20日,到江苏省教育会听刚从苏联访问考察返国的中国社会党党魁江亢虎讲演苏联现状。

6月23日,以"江越"的笔名在《民国日报》副刊《觉悟》上发表《听了江亢虎君讲演之后》,针对江对苏联社会的攻击,阐述了马克思主义的一些基本问题,还针对江亢虎认为苏联允许自由贸易和办私人企业是"主义"失败之说,进行了批驳。

7月2日,到杭州出席少年中国学会年会。在会上发言说:"我自身是信仰马克思主义的","希望学会采取马克思主义"。他提出当前的任务:"除反对军阀以外,我们应于任何可能范围内揭示帝国主义的恶魔。"由于这次年会坚持对各项决议只能表示意见,不要求多数人服从,因此未能彻底改变学会的方向。学会选举君宇为候补评议员。

7月17日—23日,中国共产党第二次全国代表大会在上海举行,君宇以北京代表身份出席。他和其他同志传达了远东各国共产党及民族革命团体会议精神和共产国际的指示。代表们经过讨论,制定了党的最高纲领和最低纲领,第一次提出反帝反封建的口号。大会选举陈独秀、李大钊、蔡和森、张国焘、高君宇为第二届中央执行委员会委员。陈独秀担任委员长。

8月20日,和缪伯英、蔡和森等根据党的指示,在北京发起成立了民权运动大同盟,以便同国民党及其他社会团体和各界人士结成反帝反封建的联合战线。在筹备会上,君宇和缪伯英、蔡和森、范鸿劼、刘仁静等8人被选为筹备员,负责起草章程,筹备成立大会等各项事务。接着,即以北京民权运动大同盟的名义,在报上发表《启事》,宣告"凡有志民权运动的兄弟姊妹都一律欢迎"。

8月24日下午,君宇与李大钊、邓中夏、李石曾等出席在北京大学三院召开的民权运动大同盟成立大会,到会400余人。

8月29日—30日,中共中央在杭州西湖举行特别会议,共产国际执委会根据马林的建议,决定与国民党建立民主联合战线。君宇和李大钊等支持马林的主张。最后会议接受共产国际建议,原则决定共产党员、共青团员可以个人名义加入国民党,以此形式实现两党合作。会后,马林、李大钊、陈独秀分别在上海会见孙中山,商定李大钊、蔡和森、高君宇等以个人名义加入国民党。会议还决定创办《向导》周报。

9月3日,君宇和李大钊、张国焘、杨贤江、沈雁冰等出席上海社会主义青年团组织的"纪念国际少年日"大会。李大钊、高君宇等就国际少年日的历史、外力与武人压迫等问题发表演讲。

9月3日,在《先驱》第11期发表了《少年工人与劳动立法》与《杂感》两篇文章。在《少年工人与劳动立法》一文中指出:工人和资本家的斗争是政治的斗争,劳动立法是政治斗争的一种,在宪法上规定工人劳动者的利益,是将来打倒资本家的初步。

9月13日,中共中央机关报《向导》周报在上海创刊。由蔡和森担任主编,君宇任编辑。《向导》编委下设翻译室,分设英、法、德、俄、日文5个小组。

9月14日,北京《晨报》刊登蔡元培、李石曾、蒋梦麟、胡适、邓中夏、刘仁静、张国焘、高君宇、李大钊、林素园、范鸿劼、黄日葵、蔡和森、缪伯英联名《为陈独秀君募集讼费启事》,就陈独秀被捕释放后,因讼费和销毁书籍纸版损失颇大,吁请同情社会教育思想和与陈有旧者解囊相助。

9月20日,在《向导》周报第2期发表《革命运动中之印度政治近况》,介绍了以甘地为代表的反对群众革命行动的非暴力运动者,力主改良组成团体的"乱人",遏制劳动运动的改良派等几种势力。指出资产阶级不愿革命了,小资产阶级想革命,但他们又感到无能为力。

9月27日,在《向导》周报第3期发表《国人对蒙古问题应持的态度》,认为蒙古应有自决的权利,而且蒙古也有决定他的命运的能力。

同日,在《向导》周报第3期发表《勖江西人民》,认为中国人民必须打倒军阀官僚,否则没有别的出路,而打倒军阀官僚,必须靠自己武装起来方能实现。

同日,在《向导》周报第3期发表《土耳其国民军胜利的国际价值》,认为土耳其基玛尔领导的国民军打败希腊,是被压迫的土耳其民族反抗欧洲帝国主义宰割的胜利。

10月4日,在《向导》周报发表了与春默(张太雷)合写的《介绍一篇国民革命的纲领》的文章,介绍印度社会主义者提出的全印度中央革命委员会纲领,认为有压迫的事实存在"就决定要发生革命",没有压迫想造革命不可能,有了压迫想消灭革命的动力也不可能。革命要有组织,也要有领导者——先锋军。

同日,在《向导》周报刊登答读者来信,就读者对陈独秀《造国论》提出的疑问,提出并论及党在国民革命中为什么要联合资产阶级;无产阶级和资产阶级联合时以谁为主;中国无产阶级革命分两步的进程问题;联合阵线中,无产阶级是有自己的独立性的等新民主主义革命中的一系列重大理论问题。

10月10日,北京党组织在李大钊领导下,利用庆祝"国庆"的机会,组织了国民大会,君宇等和长辛店、北京机器工业研究会的工人和各校学生、市民一起参加。游行时中共北京地委散发了《敬告国人书》和《敬告劳动者书》。

10月11日,在《向导》周报第5期发表《王博士台上生活应给"好人努力"的教训》的文章,就胡适的《我们的政治主张》签名附议者王宠惠担任北洋政府代理内阁总理乃为军阀效劳的事实,抨击胡适"好人政府"主张荒谬。在同刊另一篇文章指出,认为王宠惠组织新政党,收进党员时,以是否醉心英美为合格不合格的标准,是为英美操纵中国服务的。

同日,在同刊发表《日俄会议及中俄会议》的文章,指出日俄长春会议破裂,是由于日本帝国主义的侵略态度和苏俄维护国家主权的坚决态度不可调和的结果;提醒北洋政府中国要脱离帝国主义的压迫,只有和苏俄建立亲密关系;要发展生产力,不是要去欢迎新银行团的金钱资本，是要借助于外国的机械和工业技术。

同日，在同刊上发表了《福建现下的局势与国民党》的文章，劝告国民党不应与段祺瑞、张作霖联合，因为段、张都是日本帝国主义在中国的代表，和他们"搅和"，有损在民众中的形象。

10月18日，在《向导》周报第6期发表《国民党应当做胡师的宣传员吗？》的文章，对国民党人吹捧、美化军阀张作霖的言论进行了批评。

同日，还在同刊上发表了《"新创民治之关外"》的文章，揭露和批驳了胡适以及上海《旭报》鼓吹的"省自治"、"新创民治之关外"等怪论。

10月21日，给北京大学废除讲义费代表李去非写信，表明对1922年10月北大决定向同学征收讲义费而酿成风潮的态度，请李去非"竭诚劝告"同学转换方向，做一些像民权运动一类打倒恶势力的事情。

10月23日，唐山开滦五矿3万余人大罢工，罢工工人遭到英帝国主义和直系军阀的屠杀。君宇遵照党的指示，与宋天放到《晨报》参加关于声援唐山工人罢工的专栏会议，并和其他人以报社的名义撰写和发表了声援罢工的社论、文章。

10月25日，在《向导》周报第7期发表《美国驻兵——英国巡捕——中国警察》的文章，号召中国人民团结起来，粉碎帝国主义和军阀"向中国苦百姓的进攻"。

同日，在同刊发表《省宪所给议会的"权"那里去了》，痛斥那些鼓吹"以省自治为打倒军阀唯一工具"的学者。

同日，在同刊发表《北京大学过激化了吗？》，指出所谓北京大学过激化，是法国资产阶级对北大广大群众的诬蔑，无非是为了使东交民巷的公使团，颐指令使北洋政府去扼杀北大以及中国的反帝爱国运动。

10月29日，应邀参加女权运动同盟会上海支部成立会。

11月2日，在《向导》周报第8期发表《好一个以"至诚之意而谋中国之利益"的新银行团》的文章，揭露英美帝国主义企图利用"新银行团"来"宰制中国政治和经济的生命"的亡华阴谋，号召国人要与之"立刻拼命奋斗"！

同日，在同刊发表《国民党报纸不应有这样记载》的文章，对国民党上海《英文沪报》对唐山工人罢工不但不予支持，反而发出"保护外侨"、"恐外人生命遭受危险"等反动论调，进行了有力的抨击。

同日，在同刊发表《女权运动者应当知道的》文章，指出女权运动不仅"要做一切劳苦妇女政治经济和教育利益的奋斗"，而且"唯有与工人运动并着前进，才能做到真正的解放"。

11月23日，以K·J笔名发表《香港通信：陈炯明与〈向导〉周报》，通过陈炯明在广州查禁《向导》周报，揭露陈炯明在广东扼杀民治运动、帮助英帝国主义侵略中国的真面目。

12月2日，以K·J笔名发表《香港通信》，指出《南华晨报》社主笔文章是帝国主义"立意在实现他们久已计划之'国际共管中国'"的翻版。打倒军阀是中国人民自己的事，奸险的帝国主义绝没有帮助我们那回事。

1923年 二十七岁

1月31日，在《向导》周报第18期发表《中国人民要与西方工人一致反抗法帝国主义对德的横暴》，指出法国派兵强占德国鲁尔煤矿，是帝国主义侵略本性的暴露，号召中国"工友们及一切民间团体"，"一致与西方工友们"和世界各弱小民族"联合一致反对各帝国主义国家"的侵略。

2月4日—7日，参加京汉铁路总同盟罢工的领导工作。从4日起，君宇和王振翼、何孟雄、罗章龙、李梅羹等驻守在北京前门车站、长辛店、郑州及汉口各站与工会联络，指导罢工斗争。在斗争的关键时刻,君宇亲赴长辛店,领导工人同反动军阀进行斗争。2月7日后,被反动军阀通缉,但置生死于不顾,积极投入揭露反动军阀暴行的斗争。

2月7日,在《向导》周报第19期为《一九二二年印度国民运动分析》一文撰写按语。指出不合作运动在印度已经过时了,中国知识阶级应迅速抛弃在中国搞不合作运动的错误观念,迅速加入劳苦群众的革命阵线。

2月27日,在《向导》周报第20期发表《助军阀残民之总统命令》,对"二七"惨案发生后,北京政府黎元洪为军阀开脱罪责、指责工人"违法"而写的专令进行了批驳,认为为了自由,工人不能再对政府有幻想,号召"全国人民一致起来奋斗呀"!

同日,在同刊发表《全国商界的好榜样》,对上海商界为声讨反动军阀惨杀工人的罪行而拟于3月2日举行罢市的举动,给予高度赞扬,并恳切告全国商界:你们应"像工人一样的勇敢,为争到我们公共的自由和打倒我们公共的敌人而奋斗"。

3月5日,在《北京学生联合会日刊》发表《最近时局的转换与我们》,指出"不论张阁之或去或留,是表明政局愈趋反动了"。反动情形之来,我们就要"迅速地使我们的运动实际扩大;我们绝不能错认了现在政潮的实际,便苟且缩下学潮呀"!

3月24日,京汉铁路工人政治大罢工以来,君宇和罗章龙、缪伯英、宋天放、何孟雄、刘伯青等不仅积极策动"北大学生干事会"等团体,通过各种办法援助赤手奋斗的京汉工人,而且在极其严重的白色恐怖下,秘密编辑、刊印和发行《京汉工人流血记》一书,君宇并作后序,指出革命者的努力方向。

本月,针对北京学联领导之一、北京师范大学学生韦青云被北洋政府外长王正廷收买,进行了坚决的斗争,揭穿了他们的阴谋诡计。

4月12日,在《向导》周报第24期发表《北京通信》,分析二次直奉战争前的形势,提出了应有的方针和斗争办法。

4月，少年中国学会举行评议员选举，君宇得7票，当选为第四届评议会候补评议员，李大钊、邓中夏担任评议员。这届评议会从1922年7月到1923年7月届满。

4月15日，接女友石评梅信，信中对君宇因躲避军阀追捕不得不离京远逸而忧虑不安，要他"以后行踪随告，俾相研究"，并有希望君宇能予"救济"等语，流露出"说不出的悲哀"情绪。是现在所知石评梅给君宇第一信。

4月16日，复石评梅信，针对信中提到青年们"说不出的悲哀"的问题，指出这是社会给青年的普遍的心理感受，既然社会总给青年烦闷和悲哀，那么这个世界"是应该换过了"，"我决心走我的路了"。鼓励石评梅起来"粉碎这些桎梏"，担当破灭悲哀原因的事业，"抢上前去迎未来"。

5月1日，北京大学、北京师范大学、法专、工专等10余所院校及民权运动大同盟、劳动组合书记部、社会主义青年团、少年中国学会等团体联合发起在天安门广场召开纪念"五一"劳动节大会。高君宇、缪伯英、何孟雄等10余人参加发起大会，并发表讲演。会议通过团结起来澄清不良政治；解决旅人问题；严惩"二七"残杀工人祸首等议案。

同日，在《工人周刊》发表《我们应当怎样纪念今年的"五一"》。总结了全国各地罢工遭受军阀镇压、特别是"二七"惨案的沉痛教训，指出："今年五月一日迫切要求，就是争工人团结的自由。"为此，中国工人"须努力不避艰苦的团结起来，去打倒军阀和洋资本国的势力"。

5月，在中共中央决定召开党的三大前夕，君宇以中央特派员身份提议北方区委召开北方区委党员大会，根据共产国际和中央意见，讨论选派工人代表出席中国共产党第三次全国代表大会及胡鄂公的党籍问题。北方区委按君宇的意见召开党员大会，讨论并解决了这一问题。

5月,受李大钊委托,负责联系并管理中共旅莫支部的工作。给莫斯科中共旅莫支部写了信,通报了国内党的要事。

6月12日—20日,在广州召开中国共产党第三次代表大会。大会决定与国民党建立统一战线,共产党员以个人身份加入国民党。会后,君宇受党的委派,积极从事帮助孙中山改组国民党的工作,奔走于上海、广州、北京等地,为贯彻"三大"会议精神,促进以国共合作为基础的革命统一战线的建立,奔波不息,日夜辛劳。

6月13日,北洋政府内讧,总统黎元洪被直系军阀赶下台,张绍曾内阁总辞职,不久曹锟通过贿选当上总统,应验了君宇的预见:"北京政局愈趋反动了。"

6月,担任中共北京地委委员。同时,以个人身份加入国民党。

7月11日,在《向导》周报第32期发表《北京通信》,通过对北京政局的剖析,揭露了直系军阀曹锟和黎元洪之间"狗咬狗"的斗争实质。

7月,石评梅随北京女高师暑假旅行团到南方旅行。君宇写信给石评梅,嘱其在饱览祖国山河大川之余,写好游记笔记。

9月30日,在《向导》周报第42期发表《中俄会议——为了谁的利益》,认为北洋政府不以人民利益为重,在帝国主义唆使和愚弄下拒绝承认苏俄,是洋奴外交,他号召国人起来"自动与苏俄联合结成反帝国主义同盟"。

9月,胞弟高全德到北京求学,来到君宇处。

10月15日,给石评梅写信,追忆了先前在山西同乡会相识及以后情愫,告知评梅《平民》已移北京编辑印刷,计划10月20日复刊,约石评梅写稿。

11月1日,作为"政治指导"和"沟通山西和各省人民斗争联系"的《平民》半月刊,在北京复刊,君宇主编。编辑处设在北京大学和北京师范大学,复刊第1期(即第79期)由君宇编辑、出版。此刊秘密运回山西发行,出至79期停刊。

11月9日,为纪念俄国十月革命胜利6周年,在《晨报》副刊第285号上发表《"赤色帝国主义"么?》。他以无可争辩的事实,戳穿了"俄国是赤色帝国主义""侵略的俄国"等谎言,同时痛斥了"事事听命于东交民巷"的北京政府的外交政策。

11月23日,恽代英主办的《中国青年》创刊后,君宇赞扬说,这是从"被昏乱的思想统治"中,"解放"中国青年的"最重要工作之一"。

11月25日,中央教育委员会成立,君宇和蔡和森、瞿秋白、彭述元、恽代英担任中央教育宣传委员会委员。

11月,北京大学聘君宇担任助教、校长室秘书。

11月,担任中共北京区委执行委员会秘书。在此期间和范鸿劼在北京主管国民运动,扩大国民党的组织,矫正其政治观念,工作颇有建树。

12月14日,由北京居所静庐移腊库胡同16号居住。

1924年　二十八岁

1月1日,担任中共北京区委执行委员会委员和秘书,范鸿劼任委员长。

1月20日,孙中山主持国民党第一次全国代表大会在广州召开。共产党人李大钊、毛泽东等出席了会议,大会决定联俄、联共与扶助农工的三大政策,孙中山旋又发表其"建国大纲"。君宇等参与了大会的工作,以后回到北京,协助李大钊等筹建国民党北京特别市党部。

1月24日,发表《对于列宁主义的误解》,指出人们对列宁主义的误解最多的是新经济政策和对于弱小民族的态度。他说,有人认为俄国采用新经济政策,证明共产主义实验失败了。其实,按照俄国革命的程序,俄国未曾将共产主义"试验"。并明确指出,俄国由私产社会过渡到共产主义社会,将有一个很长的过渡时期。

同日,列宁逝世的噩耗传到中国,君宇等极为悲痛,积极参与"遥祭列宁大会"的筹备。

1月26日,北京学联、国民青年俱乐部、马克思学说研究会、北大平民教育讲演团等4团体发起举行"遥祭列宁大会"。君宇参加遥祭大会并含泪报告了列宁的生平事迹。驻北京的苏联代表也参加大会并讲了话。

2月7日,接李大钊信,指示他们在处理和北京各团体矛盾时,要求大同存小异,必要时亦可做些让步。

3月8日,北京区委执行委员会改组,李大钊任委员长,蔡和森接替高君宇任执行委员会秘书。

3月,在李大钊领导下,国民党北京特别市党部成立。君宇担任总务股主任,和李大钊、于树德一起领导北方地区的国共合作,并亲自指导建立了以革命统一战线为主要活动的"国民青年俱乐部"和"平民政治学会"。

3月,担任北京团地委教育委员会委员,并代理北京市团地委书记。

4月27日,《政治生活》在北京创刊,赵世炎任主编,君宇任编辑。

4月28日,偕石评梅到北京城南公园会见印度诗人泰戈尔。

5月21日,张国焘和高君宇秘密工作的地点北京腊库胡同16号突然被北洋军警包围,张国焘被捕,君宇因住在一所极为简陋的房子而未被军警注意。他借匪徒在搜查中发洋财的机会,化装成厨师,智脱虎口。

5月25日,到石评梅处告别。当晚,在铁路工人掩护下,乘车到了太原。

5月26日,带着北京区委和李大钊的指示到太原后,秘密住在省立第一中学的青年学会里,进行建党活动。其间,介绍太原社会主义青年团中的先进分子李毓棠、侯捷庵(士敏)等3人入党，建立了山西党小组，不久，又有一批团员转为党员，中国共产党太原支部正式成立。

6月2日，积极促成山西地区的国共合作。君宇返并之前，国民党右派分子苗培成、韩克温等人已经由京返回太原，以平民中学为据点，发展国民党员，创办太原《晓报》，鼓吹反共。君宇利用和苗培成的同学关系，向苗提出执行国民党"一大"决议，实行国共合作，但苗一再推脱。后经君宇再三努力，双方才达成原则性协议，共同派人组成了国民党山西省党部临时筹委会。

6月5日，回静乐县家中避难。阎锡山指令静乐县衙暗中监视。在家的半个月里，君宇向李寒心提出离婚问题，决心结束这一婚姻悲剧。

6月22日清晨，和家中一伙计赶骡子，扮作赶集的人离开静乐到太原。

6月24日，给岳父李存祥写信，正式言明离婚之事，从此挣脱了长期压在身上的婚姻"桎梏"。

6月25日前后，到了太原后，因阎锡山追捕之故，巧妙化装，在铁路工人掩护下前赴上海。

7月，从山西脱险后，经上海到达广州，参加了党所领导的广州沙面工人大罢工，迫使英帝国主义取消了歧视中国人民的"新警律"条例。沙面罢工胜利后，在国民党工人部之下成立了广州工人代表会，接着，跟其他同志帮助工人建立了工团军。

8月10日，在《政治生活》第12期发表《国民党左右派的分化》，痛斥了蠢蠢而动的国民党右派分子猖狂反对共产党、破坏革命统一战线的罪恶行径，针对国民党右派分子制造所谓国共合作是"国民党共产化"的谰言，痛加批驳。

9月10日，在《向导》周报第82期发表《江浙战争与外国帝国主义》一文，指出："帝国主义之所以各扶助一派军阀，并不是有深惠特爱于某一派军阀,乃是要借助所扶助的军阀之胜利与发展,造成外国在华的优越的地位。"所以,"军阀与帝国主义是中国的祸害","只有是我们组织在国民革命的旗帜之下,把他们推翻才是真正的自救"。

9月17日,在《向导》周报第83期发表《南洋烟厂罢工与上海的报纸》,针对国民党在上海《民国日报》对南洋烟厂工人罢工不但不予支持,反而登载攻击罢工的启事,愤怒抨击。呼吁:"《民国日报》对于此类事(关系7000个同胞生活的事)要检查一下才好!"

9月22日,由沪赴粤的船上,给石评梅写信说:"……我是有两个世界的,一个世界一切都是属于你的,我是连灵魂都永禁的俘虏;在另一个世界里,我是不属于你的,更不属于我自己,我只是历史使命的走卒。假如我要为自己打算,我可以去做禄蠹,你不是不希望我这样做吗?……"到达广州后,担任孙中山的秘书。

10月10日,参加中共广东区委组织的纪念武昌起义十三周年纪念大会,游行时遭商团军开枪射击,率工团军和其他友军一起,英勇奋战,流弹击破车窗,伤后坚持战斗。

10月24日,冯玉祥发动北京政变,直系军阀曹锟倒台,奉系军阀张作霖乘隙而入,北方形成以段祺瑞为执政的段、张、冯联合执政的局面。李大钊派人到冯玉祥的国民军工作,并亲自对冯做工作。

11月13日,冯玉祥电请孙中山北上,商谈国是。其时,君宇在孙中山身边,力主孙中山北上。孙中山在中国共产党的支持下,为推进国民革命,发表《北上宣言》,主张召开国民会议,以谋中国之统一与建设,毅然抱病北上。

11月下旬,随孙中山离开广州,先期抵达北京,因积劳成疾,咯血不止,住德国医院治病。

12月7日,在《政治生活》第24期发表《帝国主义、军阀、国民党右派》,列举英帝国主义喉舌香港《南华晨报》、安福系机关报上海《商报》和为国民党右派张目的《国风日报》对中山先生北上散布种种谬论,指出:"军阀和帝国主义仇视中国最革命的分子(共产主义者),并欲破坏其与国民党之结合,这是毫不足怪的;因为此种结合的成立,正是国民革命努力很大的一步前进。"

同日,为该期刊载的毛壮侯所写《溥仪想做人——胡适不想做人(读了〈溥仪出宫与胡适〉之后)》的文章加了按语。

1925年　二十九岁

1月1日,石评梅到医院探视。

1月,孙中山为了反对段祺瑞的"善后会议",在共产党的支持下决定在北京召开国民会议促成会全国代表大会,时君宇卧病在床,听到这一消息后,坚决要求出院,抱病投入斗争。

1月11日—22日,以《向导》周报编辑的身份列席了中国共产党在上海召开的第四次全国代表大会。大会期间跟周恩来进行了亲切的交谈。

会后返回北京,在党的领导下,致力于国民会议促成会第一次全国代表大会的筹备工作,跟赵世炎等7人被推举为北京国民会议促成会出席全国代表大会的代表。

1月21日,诗人钟天心为君宇献诗《夜行北河沿——呈君宇、乃贤》。

1月25日,在天津造访邓颖超,面交周恩来在上海"四大"时托付转交的一封信。这次见面,给邓颖超留下深刻印象,邓感到君宇温和、沉着、内心蕴藏革命热情,而外貌看又较成熟。

1月28日,和石评梅游陶然亭。

3月1日,国民会议促成会第一次全国代表大会在北京开幕,君宇出席了会议,并和李大钊等30人为大会主席团成员。

3月2日,忽感腹部疼痛,但仍忍痛工作。

3月4日,给石评梅写信,未发出。给兰辛、焦菊隐、云弟等写的信也未发出。腹痛加剧,难以支持,由北京区委兰辛陪送至协和医院,诊断为急性盲肠炎,决定手术治疗,兰辛怕君宇久病之躯经受不住,君宇微笑着说:"开肚怕什么？你也这样脑筋旧？"说完毅然提笔签字。

3月6日凌晨2时40分,因手术医治无效,在协和医院逝世。

3月14日,党中央机关刊物《向导》周报第106期发表《悼念我们的战士》,写道:"君宇再不能以文字与读者诸君相见了！但他那热烈的革命精神永远留在本报,也更永远留在读者诸君的记忆之中！"

3月25日,《北京大学日刊》刊登《悼念高君宇启事》,追忆"高君宇从事民众运动,猛勇有加,弘毅果敢,为青年模范"。

3月28日,中国共产主义青年团机关刊物《中国青年》第72期发表贺昌(其颖)写的《悼我们的战士——高君宇同志》。贺昌说:君宇是我党早期杰出的革命活动家。他生前对我党的思想建设、理论建设、组织建设、工人运动诸方面做出了不可磨灭的贡献。尤其是对北方地区(北京、山西)的建党工作和工人运动,他有着特殊的功绩。

同日,《北京大学日刊》刊登《高君宇传略》,简略地介绍了高君宇生平事迹。

3月29日,由中共北京区委书记赵世炎主持,在北京大学礼堂举行高君宇追悼大会。为保密起见,追悼会用"北京国民会议促成会全国代表大会、北京大学、政治生活社、山西省立第一中学校友会"的名义。李大钊、邓中夏、赵世炎、范鸿劼、王若飞等送了花圈挽联。当时在京出席"国民会议促成会全国代表会议"的邓颖超、张叔平以及在京的贺昌也参加了追悼会。石评梅因"悲痛过甚而不能参加",送了挽联、挽词。追悼会为高君宇遗像的题词为:高君宇同志从事无产阶级革命,是中国青年革命健将,从事革命不遗余力,二七罢工、商团之战几遇险。

4月3日,《北京大学日刊》刊登追悼高君宇筹备处《征求高君宇遗著启事》说:高君宇不仅是一个革命实行家,也是一个革命议论家,散见各刊物的论文,实有保存价值,想刊印成书,永资纪念。

5月8日,遗体安葬陶然亭。安葬事宜是根据君宇遗愿,经石评梅提议,党组织同意办理的。为避免军阀干涉,丧事安排没有以党组织名义进行。墓地购买费用和各项开支均由党组织提供。最后碑款不够,评梅自己拿出30元,并要求不告诉组织。墓碑文字由党组织安排拟就审查,以高全德名义刊刻。墓碑还刻有石评梅写的文字,全文如下:

"我是宝剑,我是火花。我愿生如闪电之耀亮,我愿死如彗星之迅忽。"这是君宇生前自题相片的几句话,死后我替他刊在碑上。君宇!我无力挽住你迅忽如彗星的生命,我只有把剩下的泪流到你坟头,直到我不能来看你的时候。

评梅

5月中旬,张叔平等把君宇追悼会送的花圈挽联带回太原,在文庙开追悼会。张叔平主持并致悼词。石评梅的父亲石铭先生参加了追悼会,对高君宇的逝世甚为悲痛。

六　高君宇纪念、研究文章索引

《悼我们的战士——高君宇》,《向导》第3卷106期(1925年3月14日)。

《悼我们的战士——高君宇》,其颖,《中国青年》汇刊第72期(1925年3月25日)。

《石评梅、高君宇冤缘实记》,逸飞,《立言画刊》1939年2月第22期。

《山西最早的共产党人——高君宇》,成宝田,《山西师院学报》1957年第1期。

《高君宇同志的革命活动》,成宝田、续恩同,《山西师范学院学报》1958年第4期。

《山西最早的共产党人——高君宇》,刘书礼,《山西日报》1959年7月1日。

《山西革命文物：不朽的文学　辉煌的业绩》(附我省最早的共产党员高君宇手迹),《山西日报》1978年7月2日。

《忆五四运动战士高君宇》,其颖,《五四运动回忆录》(续),中国社会科学出版社,1979年3月。

《我党早期的优秀党员高尚德》,维列,《北京日报》1980年1月4日。

《山西最早的共产党员——高君宇》,《山西青年》1980年第7期。

《宝剑　青春　墓碑——记长埋陶然亭的一对恋人》,姜德明,《人民日报》1980年8月7日。

《闪电般耀亮的一生——高君宇传略》,裴忠利等,《不屈的共产党人》(二),人民出版社,1980年。

《我党早期的革命家高君宇》(附:高君宇同志的书信三封),王庆华,《晋阳学刊》1981年第4期(增刊)。

《"生如闪电之耀亮"——我党早期革命家高君宇传略》,王庆华,《社会科学》(上海)1981年第5期。

《此情绵绵——记革命家高君宇和他的挚友女作家石评梅》,王庆华,《晋阳文艺》1981年第6期。

《闪电彗星般的一生——纪念我党早期党员、山西党团组织的创建者高君宇同志》,陈文秀、郭杰,《山西日报》1981年7月11日。

《刻在墓碑上的爱情》,永祯、高平,《北京晚报》1981年10月22日。

《弘毅果敢的青年先锋——"五四"时期的高君宇》,姚维斗、黄真,《五四群英》,河北人民出版社,1981年。

《我国早期的共产党人之一高君宇》,《北京日报》1982年3月5日。

《高君宇与文艺》,王庆华,《山西日报》1982年7月1日。

《陶然亭湖畔的英魂》,繁星,《北京青年报》1982年7月27日。

《高君宇同志生平事迹》(附:石评梅传略),王庆华,《文史资料选编》(北京)第14辑(1982年9月)。

《纪念高君宇》,薄一波,《山西党史资料通讯》1982年12月30日第6期。

《高君宇年表》,裴荃香、郭汾阳,《山西党史资料通讯》1982年12月30日第6期。

《高君宇》,向锋,《晋中史志资料》第2期(1983年)。

《高君宇对建立革命统一战线的贡献》,郭杰、陈文秀,《山西大学学报》1983年第3期。

《高君宇在宣传马克思主义中的贡献》,王敏启,《山西党史资料通讯》1983年8月第4期。

《悼我们的战士——高君宇同志》,其颖(贺昌),《山西党史资料通讯》1983年8月第4期。

《高君宇墓志铭》,高全德,《山西党史资料通讯》1983年8月第4期。

《关于高君宇墓志铭的说明》,罗征敬、岳晓辉,《山西党史资料通讯》1983年8月第4期。

《高君宇》,郭杰、陈文秀、裴忠利、王庆华,《中共党史人物传》第11卷,陕西人民出版社,1983年11月。

《革命先驱高君宇》,高全德口述,李生富整理,《并州论坛》1984年第1期(试刊)。

《高君宇》,丁山,《北京青运史资料》第2期(1984年)。

《长留佳话在人间——记高君宇和石评梅》,郝仲秀,《人物》1984年第3期。

《高君宇传》,中央《革命烈士通讯》总第11、12期(1984年3月1日)。

《高君宇(1896—1925)》,《革命烈士传》编辑组编,《革命烈士传通讯》1984年第2、3期合刊。

《全国政协主席邓颖超谈高君宇》,《娄烦风情》1984年创刊号。

《高君宇传略》,《娄烦风情》1984年创刊号。

《君宇的童年时代》,高全德,《娄烦风情》1984年第2期。

《用高君宇的战斗精神改变娄烦面貌》,李福伍,《娄烦风情》1984年第3期。

《高君宇在北大》,高全德,《娄烦风情》1984年第4期。

《鸳鸯坟(五言长诗)》,宋达恩,《骑驴绕过芦芽山》,山西人民出版社,1984年。

《纪念高君宇同志》,薄一波,《山西革命回忆录》第1辑。

《山西最早的共产党人——高君宇》,刘书礼,《山西革命烈士史料》第1辑(原载1959年7月1日《山西日报》)。

《高君宇》,王庆华,《山西人物志资料》第2辑。

《高君宇同志生平事迹》,王庆华,《北京文史资料选辑》第14辑。

《彭真同志为高君宇题词》,王克文供稿,《党史文汇》1985年创刊号。

《高君宇与党领导下的早期工人运动简述》,徐维俭,《党史文汇》1985年第9期。

《高君宇与石评梅的一段往事》,文馨,《党史文汇》1985年创刊号。

《我党早期的马列主义理论战士高君宇——读〈向导〉周报札记》,马玉山,《党史文汇》1985年创刊号。

《党在山西的历史应从高君宇写起——彭真同志的一次谈话贾德因整理》,《党史文汇》1985年创刊号。

《党在山西的历史应从高君宇写起——纪念高君宇同志逝世六十周年》,彭真,《山西日报》1985年3月5日。

《高君宇》,《革命烈士传》(一),人民出版社,1985年7月。

《浩气长存,永垂青史——纪念高君宇同志逝世六十周年》,娄烦县政协,《太原文史资料》第5辑(1985年12月)。

《高君宇与石评梅》,阎门、胡平,《太原文史资料》第5辑(1985年12月)。

《中国共产党早期革命家高君宇》,杨飞才等,《山西地方志通讯》1986年第2期。

《铸入丰碑的深情——访高君宇、石评梅纪念碑的作者董祖诒教授》,华晔,《太原日报》1986年5月14日。

《高君宇(1896—1925)》,北京图书馆社会科学参考组、《革命烈士传》编委会资料组编,《革命烈士传记资料目录》,解放军出版社,1986年。

《剑与火——高君宇的故事(上)》,李虎平、阎门,《山西革命英烈》1986年第3期。

《剑与火——高君宇的故事(中)》,李虎平、阎门,《山西革命英烈》1986年第4期。

《剑与火——高君宇的故事(下)》,李虎平、阎门,《山西革命英烈》1987年第1期。

《求实存真,还历史人物原貌——从高君宇、石评梅两篇人物传记谈起》,史沙,《山西革命英烈》1987年第4期。

《革命先驱高君宇》,苏敏,《党的建设》1987年第4期。

《高君宇对新民主主义革命"三个法宝"的贡献》,郭小忠,《山西大学学报》(哲社)1988年第1期。

《高君宇与工人运动》,张思荣,《晋阳学刊》1988年第5期。

《革命的实行家和宣传家——高君宇》,陈文秀,《人民日报》(理论版)1988年9月12日。

《高君宇和石评梅墓碑和雕像》,高速、陈静,《丰碑长存正气歌》,北京燕山出版社,1989年2月。

《高君宇与石评梅相识时间考》,张思荣,《山西地方志》1989年第2期。

《高君宇与五四运动》,张思荣,《晋阳学刊》1989年第3期。

《高君宇述评》,王家进,《山西党史通讯》1990年第2期。

《高君宇对马克思主义的初步认识》,王家进,《理论学刊》1990年第2期。

《高君宇的无产阶级专政思想研究》,张思荣,《晋阳学刊》1990年第3期。

《从一份病历看高君宇的革命奉献精神》,木言,《北京党史研究》1991年第1期。

《高君宇》,王乃德,《党史文汇》1991年第1期。

《高君宇关于党建思想及其实践》,张思荣,《晋阳学刊》1991年第 4 期。

《高君宇与陈独秀交往片断》，王庆华，《党史文汇》1991 年第 12 期。

《我党早期领导人高君宇》，徐维俭，《太原党史资料通讯》1992 年 4 月第 1 期。

《高君宇与列宁及其领导下的苏维埃政权》，王庆华，《山西党史通讯》1992 年第 2 期。

《高君宇最早论述无产阶级领导权问题》，王清才，《党史文汇》1993 年第 1 期。

《高君宇在问题主义论争中》，张思荣，《山西大学学报》1993 年。

《简述高君宇对苏俄新经济政策的见解》，张思荣，《晋阳学刊》1993 年第 6 期。

《山西党组织的创始人高君宇》，张思荣，《前进》1993 年第 9 期。

《高君宇年谱》，张思荣，《文史研究》1993 年第 9 期。

《论高君宇对党的建设的重大贡献》，王家进、牛崇辉，《山西党史通讯》1994 年第 4 期。

《高君宇》，郭杰、陈文秀、裴忠利、王庆华，《中国共产党山西历史人物传》第一卷，山西高校联合出版社，1994 年 7 月。

《高君宇》，张思荣，《三晋历史人物》1995 年第 4 期。

《碧海青天情相连——高君宇与石评梅》，谢一彪，《名人传记》1996 年第 3 期。

《生如闪电　死如彗星——纪念高君宇诞生一百周年》，陈文秀，《沧桑》1996 年第 3 期。